KB212988

주기도문으로 기도하기

주기도문으로 기도하기

지은이 | 안관현
초판 발행 | 2024. 9. 26
등록번호 | 제1988-000080호
등록된 곳 | 서울특별시 용산구 서빙고로65길 38 두란노빌딩
발행처 | 사단법인 두란노서원
영업부 | 2078-3333   FAX | 080-749-3705
출판부 | 2078-3331

책 값은 뒤표지에 있습니다.
ISBN 978-89-531-4911-3   03230

독자의 의견을 기다립니다.
tpress@duranno.com   www.duranno.com

두란노서원은 바울 사도가 3차 전도여행 때 에베소에서 성령 받은 제자들을 따로 세워 하나님의 말씀으로 양육하
던 장소입니다. 사도행전 19장 8-20절의 정신에 따라 첫째 목회자를 돕는 사역과 평신도를 훈련시키는 사역, 둘째
세계선교(TIM)와 문서선교(단행본·잡지) 사역, 셋째 예수문화 및 경배와 찬양 사역, 그리고 가정·상담 사역 등을
감당하고 있습니다. 1980년 12월 22일에 창립된 두란노서원은 주님 오실 때까지 이 사역들을 계속할 것입니다.

하루 세 번
주기도문으로 기도하기

안 관 현

The Lord's Prayer

Our father in heaven, hallowed be your name, your kingdom come, your
will be done, on earth as it is in heaven. Give us today our daily bread. And
forgive us our debts, as we also have forgiven our debtors. And lead us not
into temptation, but deliver us from the evil one. For yours is the kingdom
and the power and the glory forever. Amen.

두란노

하늘에 계신 우리 아버지

이름이 거룩히 여김을 받으시오며

나라가 임하시오며

뜻이 하늘에서 이루어진 것같이

땅에서도 이루어지이다

오늘 우리에게 일용할 양식을 주시옵고

우리가 우리에게 죄지은 자들을

사하여 준 것같이

우리 죄를 사하여 주시옵고

우리를 시험에 들게 하지 마시옵고

다만 악에서 구하시옵소서

(대개) 나라와 권세와 영광이

아버지께 영원히 있사옵나이다

아멘

Our Father in heaven,

hallowed be your name,

your kingdom come,

your will be done,

on earth as it is in heaven.

Give us today our daily bread.

And forgive us our debts,

as we also have forgiven our debtors.

And lead us not into temptation,

but deliver us from the evil one.

For yours is the kingdom

and the power

and the glory forever.

Amen.

목차

I. 하루 세 번 주기도문 기도

하늘에 계신 우리 아버지 / 이름이 거룩히 여김을 받으시오며 / 나라가 임하시오며 / 뜻이 하늘에서 이루어진 것같이 땅에서도 이루어지이다 / 오늘 우리에게 일용할 양식을 주시옵고 / 우리가 우리에게 죄지은 자를 사하여 준 것같이 우리 죄를 사하여 주시옵고 / 우리를 시험에 들게 하지 마시옵고 다만 악에서 구하시옵소서 / (대개) 나라와 권세와 영광이 아버지께 영원히 있사옵나이다. 아멘!

주기도문으로 기도하는
분들의 추천의 글

예수님이 기도의 틀을 만들어 주셨는데도 실제 기도에 적용하는 방법을 몰라 주문처럼 외웠던 주기도문이었습니다. 이제는 주기도문 기도를 제 기도 생활에 적용하고 하나님의 주권 안에서 하나님의 뜻을 먼저 구하는 기도 훈련을 하고 있습니다. 제 개인적인 소원을 통해서 일하시는 하나님의 마음을 알게 되었으며, 더 깊은 기도로 나아가는 문을 열어 주었습니다. { 강은실 }

주기도문으로 날마다 기도하니 확신이 생기고, 기도 시간이 기뻐집니다. 기도 적용도 쉽게 되어 참 감사합니다!
{ 강응생 }

주기도문 기도는 기도의 자리로 저를 부르시는 하나님의 초대입니다. 기도의 의자에 앉고 싶고 말씀 묵상을 하며 하나님과 함께하고 싶어집니다. { 강춘혜 }

주기도문으로 기도를 시작하면 막힌 듯했던 기도의 문이 바로 열리는 경험을 하게 됩니다. 하루 세 번 기도를 함으로써 주님의 말씀에 좀 더 순종하게 됩니다.
{ 고경애 }

9

주님이 가르쳐 주신 주기도문은 지금까지 마무리하듯 마치는 기도로만 사용했습니다. 그런데 주기도문으로 기도하는 방법을 적용하여 기도하니 기도가 깊어지고, 하나님 아버지께서 깨닫게 하시는 묵상으로 이어지며, 주님께 계속 초점이 맞춰지는 은혜가 있었습니다.
{ 김미선 }

마음이 너무 바쁘고 다른 생각으로 가득 찰 때 주기도문으로 기도를 하면 생각이 바로잡힙니다. 특히 어떤 감격이나 감사나 기쁨을 하나님께 올려 드리는 송영을 하면 너무 신나고 힘이 솟습니다. 그냥 손 들고 껑충껑충 뛰면서 기도하고 싶어집니다. { 김영숙 }

"기본으로 돌아가라!"(Back to Basics!)는 세상의 교육에만 있는 줄 알고 살았습니다. 주님이 가르쳐 주신 주기도문으로 기도를 드리는데 아침, 저녁 때마다 다르게 다가오시는 주님으로 더 풍성해졌고, 어느 때보다 빨리 평안을 경험하고 있습니다. Back to Basics! 은혜입니다.
{ 김은정 }

주기도문 기도로 매일 하루를 시작하고 마치면서 무엇

보다 하나님 나라와 의를 구하는 삶이 무엇인지 알게 되었고 이 기도가 삶의 우선순위가 되었습니다. 기도를 시작할 때 하나님 아버지를 부르는데 막연한 하나님이 아니라 그 품에 나를 안아 주시고 돌보시는 아버지로 다가와 마음이 평안으로 가득 채워집니다. 그런 주님을 신뢰하고 모든 것을 맡기니 마음에 염려가 크게 자리 잡지 않게 됩니다. 또한 제자로서 살아가는 삶의 이유가 나의 영예나 영광이 아닌 주님의 이름을 높이는 것에 있음을 늘 고백하게 됩니다. 주기도문 기도를 통해 주님을 따르는 제자로 살아갈 수 있는 힘을 얻습니다. { 김태엽 }

주기도문으로 기도하며 기도에 대한 거룩한 부담을 덜 수 있게 되었습니다. 늘 마음속으로 '더 기도해야지! 더 기도해야 되는데'라는 부담을 가지고 있었는데 하루 세 번씩 주기도문으로 기도하며 마음에 자유함을 얻었고, 주님과 동행함을 더욱 실감 나게 느낄 수 있었습니다. 주기도문으로 기도하기가 예수님이 가르쳐 주신 놀라운 지혜임을 확신합니다. { 김태욱 }

하루를 정신없이 보내다가도 하루 세 번 기도 알람이 울릴 때 주기도문으로 기도하면서 하나님을 다시 의식하는 시간이 정말 좋습니다. 저에게 하나님이 어떤 분이신 지를 생각할 때, 그리고 하루를 살아갈 말씀을 기억하거 나 성령의 음성을 들으면서 매번 새로운 힘과 위로를 얻 습니다. 하나님의 이름을 기억하는 것은 감사이기도 하 고 선포가 되기도 합니다. 용서와 회개의 기도는 순간순 간 마음을 청결하게 해 마음에 거리낌 없게 도와줍니 다. 그래서 사탄이 마음에 틈타고 들어오지 못하게 매일 매 순간 제 마음을 지켜 줍니다. 나라와 권세와 영광을 가 지신 분이 내 아버지셔서, 그 사실을 매일 확인하게 되어 정말 감사합니다! { 민보희 }

주기도문 기도는 강력하고 능력 있는 기도입니다. 매일 주기도문 기도로 기도하며 하나님의 은혜와 사랑을 매 순간 경험합니다. { 오금주 }

주기도문을 습관적으로 주문 외우듯 하였음을 회개했습 니다. 주님이 우리와 깊이 만나서 사랑을 통해 용서를 베 풀어 주셨습니다. 주신 말씀 안에서 주님과 교제하며 살 도록 친히 가르쳐 주신 아름다운 기도문을 묵상할수록 주님의 임재를 느낍니다. { 유지현 }

몇십 년을 구구단 외우듯 했던 주기도문이었습니다. 그러다 주기도문으로 기도하기에 대한 강의를 듣고 크게 깨우치게 되었고, 가정예배 때 온 가족에게 전달해 호응을 얻었습니다. 이제는 내용을 생각하며 진지한 주기도문 기도를 하고 있습니다. { 이현정 }

주님이 주신 기도문으로 주님 앞에 날마다 더 가까이 나아갈 수 있는 방법을 알게 되어 감사합니다. { 장윤혜 }

때로는 정신없이 바빠서 잽싸게 주기도문만 기도하고 끝날 때도 있지만, "하늘에 계신 우리 아버지", 이 구절만으로도 가슴이 찡해짐을 느낍니다. 저에게 든든한 백이 있다는 것을 다시 한 번 생각나게 해 주어서 담대한 마음이 용솟음칩니다. { 정광모 }

바쁘게 살아가다가도 하루 세 번 주기도문으로 기도하다 보면 하나님을 생각하게 됩니다. 하나님과 동행하는 삶으로 변화되는 것 같아서 참 좋습니다. { 정철용 }

예수님은 "이렇게 기도하라"고 하셨습니다

저는 말씀 묵상(큐티)을 오랫동안 해 왔습니다. 성경 공부와 큐티를 시작한 지 10년이 되던 해 어느 날 아침, 큐티 시간을 갖다가 깜짝 놀란 적이 있습니다. 10년간 하나님이 깨우쳐 주셨던 말씀들과 은혜 받았던 말씀들이 한곳에 마치 금광처럼 모여 있는 장면을 보게 된 것입니다. 그것도 온전한 은혜의 말씀으로, 보석처럼 빛나고 있는 보물 창고를 발견했습니다. 바로 마태복음 5-7장에 기록된 '산상수훈'이라고도 부르는 예수님의 산상설교였습니다.

산상설교 내용 가운데 가장 중심이 되는 주기도문은 그때부터 제 말씀 묵상의 온전한 틀이 되었고 기도 생활도 완전히 바꾸어 주었습니다. 그 후 30년 넘게 지금까지 매일 꾸준히 주기도문 순서로 말씀 묵상을 하고 있고, 주기도문 기도로 기도 생활을 하고 있습니다.

주기도문 순서대로 말씀 묵상을 하고, 기도도 주기도문으로 하면서 주기도문을 가르쳐 주신 주님의 마음과 뜻을 점점 더 알게 되었습니다. 주기도문으로 기도하면서 주기도문이 얼마나 놀라운 기도인지 깨닫게 되었습니다.

주기도문은 주님이 친히 가르쳐 주신 기도로, 기도의 최고봉입니다. 누구든지 예수님이 "이렇게 기도하라"고 가르쳐 주신 대로 기도할 때 기도의 새로운 차원을 경험하게 되리라고 믿습니다.

주기도문은 어린아이도 할 수 있는 간단한 기도인 동시에, 어른도 다 헤아릴 수 없는 의미심장하고 깊은 기도입니다. 주기도문은 영적 어린아이도 할 수 있는 기도인 동시에, 영적으로 장성한 사람도 계속 깊이 들어가야 하는 높고 깊은 기도입니다. 주기도문은 1-2분 짧게 기도할 수도 있지만, 1-2시간 길게 기도할 수도 있습니다. 주기도문으로 몇 시간 기도할 수도 있고, 하루 종일 기도할 수도 있습니다.

무엇보다도 우리 주님은 "이렇게 기도하라" 하시면서 주기도문을 가르쳐 주셨습니다. 그러니 우리 모두 "이렇게 기도하라" 명령하신 대로 주기도문으로 기도해야 합니다. '이렇게' 기도할 때 기도의 새로운 차원으로 나아가고 기도의 풍성함을 경험하게 될 것입니다.

저는 목회에서 은퇴한 후 한국에 돌아왔는데, 하고 싶은 일이 생겼습니다. 어느 날 주기도문으로 말씀 묵상을 하고 기도할 때 하나님이 이런 말씀을 주셨습니다.

"너는 네가 하고 싶은 일을 하는 것이 아니라 내가 하라고 한 일을 해야 한단다."

그러고 보니 예수님도 하나님이 하라고 하신 일만 하셨습니다.

아버지께서 내게 하라고 주신 일을 내가 이루어 아버지를 이 세상에서 영화롭게 하였사오니 | 요 17:4

하나님이 제게 하라고 하신 일은 예수님이 "이렇게 기도하라" 하신 주기도문을 전하는 것이었습니다. 그리하여 하나님의 자녀가 주기도문으로 기도하는 사람이 되도록 하는 것임을 알게 되었습니다. 하나님의 말씀을 들은 후에 제가 의도하지도 않았는데 하나님이 여러 교회와 모임에서 계속 주기도문을 전하고 함께 주기도문으로 기도하는 기회를 많이 주셨습니다.

저는 주기도문으로 하는 하루 세 번 기도의 은혜가 너무 귀해서 만나는 사람들에게 전했습니다. 말로 설명하기보다는 같이 기도하면서 기도로 은혜를 전했습니다. 누군가를 만나고 있을 때 하루 세 번의 정해진 기도 시간이 되면 그 자리에서 같이 주기도문으로 기도했습니다. 같이 기도하고 나면 대부분 감격하고 감사를 표했습니다. 역시 기도는 기도로 전해져야 한다는 것을 경험한 시간이었습니다. 주님이 가르쳐 주신 주기도문으로 하루 세 번 기도를 하니 기도의 방향과 목적과 내용이 분명해 기도 생활에 큰 힘을 얻게 되었습니다.

주기도문으로 전한 메시지를 책으로 만들어 누구나 주

기도문으로 기도할 수 있도록 도우면 좋겠다는 제안을 받아 이 책을 출간하게 되었습니다. 누구나 쉽게 주기도문으로 기도할 수 있도록 하기 위해 설명도 쉽고 간단하게 했습니다. 주기도문을 공부하려는 것이 아니라 주기도문으로 기도하기 위한 목적이기 때문입니다.

이 책을 읽는 분들 모두 주님이 친히 가르쳐 주신 기도문으로 기도하게 되기를 소망합니다. 그리고 주기도문으로 기도하는 동안 주님으로부터 직접 기도를 배우는 기회를 얻고, 기도의 영이신 성령의 이끄심으로 새로운 기도 생활이 열리기를 기도합니다.

> 이와 같이 성령도 우리의 연약함을 도우시나니 우리는 마땅히 기도할 바를 알지 못하나 오직 성령이 말할 수 없는 탄식으로 우리를 위하여 친히 간구하시느니라 마음을 살피시는 이가 성령의 생각을 아시나니 이는 성령이 하나님의 뜻대로 성도를 위하여 간구하심이니라 | 롬 8:26-27

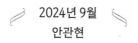
2024년 9월
안관현

I

하루 세 번
주기도문 기도

1.
본받지 말아야 하는 기도

예수님이 "이렇게 기도하라" 하시며 주기도문 기도를 가르쳐 주실 때 먼저 본받지 말아야 하는 기도가 있음을 알려 주셨습니다. 그리고 그렇게 기도하는 이들을 본받지 말라고 하셨습니다. 그러므로 우리는 주님으로부터 기도를 배울 때 본받지 말아야 하는 기도가 무엇인지를 제대로 알아야 합니다. 이 점을 유념하지 않으면 기도할 때 자칫 주님이 하지 말라고 하신 기도를 저절로 따라 하게 될지도 모릅니다.

또 너희는 기도할 때에 외식하는 자와 같이 하지 말라 그들은 사람에게 보이려고 회당과 큰 거리 어귀에 서서 기도하기를 좋아하느니라 내가 진실로 너희에게 이르노니 그들은 자기 상을 이미 받았느니라 너는 기도할 때에 네 골방에 들어가 문을 닫고 은밀한 중에 계신 네 아버지께 기도하라 은밀한 중에 보시는 네 아버지께서 갚으시리라 또 기도할 때에 이방인과 같이 중언부언하지 말라 그들은 말을 많이 하여야 들으실 줄 생각하느니라 그러므로 그들을 본받지 말라 구하기 전에 너희에게 있어야 할 것을 하나님 너희 아버지께서 아시느니라 | 마 6:5-8

세상 사람들은 배우지 않아도 다 기도합니다. 기도는 연약한 인간의 본능적인 종교성이기 때문입니다. 그런데 이런 기도는 모두 예수님이 하지 말라고 하신 기도에 속합니다. 안타깝게도 하나님을 아버지로 부르는 그리스도인들도 이처럼 잘못된 기도를 드릴 수 있다는 사실을 알아야 합니다. 그러므로 우리가 먼저 하지 말아야 하는 기도가 있다는 것을 알고 그런 기도를 주의한다면 진짜 해야 하는 기도를 할 수 있습니다.

주님은 본받지 말아야 하는 두 가지 기도를 다음과 같이 알려 주셨습니다.

외식하는 기도

또 너희는 기도할 때에 외식하는 자와 같이 하지 말라 그들은
사람에게 보이려고 회당과 큰 거리 어귀에 서서 기도하기를 좋
아하느니라 내가 진실로 너희에게 이르노니 그들은 자기 상을
이미 받았느니라 | 마 6:5

주로 바리새인과 서기관들이 외식하는 기도를 했습니
다. 외식하는 기도는 사람에게 보이려고 하는 기도입니다. 기
도는 하나님께 하는 것인데, 사람들에게 보이려고 기도했고
사람들이 보았으니 그것으로 응답되어 하나님의 응답이 없
는 기도가 되고 맙니다. 기도는 하나님을 바라봐야 하는데 자
꾸 사람이나 문제나 상황을 바라볼 때 이런 잘못된 기도를 하
게 됩니다. 기도는 하나님께 나아가 하나님 앞에 앉아 하나님
을 바라보며 하나님과 대화를 나누는 것입니다.

중언부언하는 기도

또 기도할 때에 이방인과 같이 중언부언하지 말라 그들은 말을
많이 하여야 들으실 줄 생각하느니라 | 마 6:7

　이방인의 기도인 중언부언하는 기도는 말을 하고 또 하는, 즉 말을 많이 하는 기도입니다. '많은 기도, 많은 능력'이라는 말이 있듯이 말을 많이 하는 기도 자체가 잘못된 것은 아닙니다. 여기서 말하는 중언부언하는 기도는 이방인이 드리는 기도의 특징입니다. 중언부언하는 기도는 말을 많이 해야 들으실 줄 생각하며 기도하는 것입니다. 그러므로 중언부언하는 기도는 생각이 잘못된 기도입니다.

　중언부언하는 기도는 신이 자신에게 관심도 없고 기도를 들어줄 이유도 없기에 말을 많이 해서, 즉 정성을 들이고 또 들여서 신이 자신에게 관심을 갖도록 하고, 자신의 어려움을 부탁해 해결해 주도록 치성을 올리는 기도를 말합니다. 그래서 응답이 안 되면 정성이 부족해서라고 생각합니다.

　이방인은 자기와 기도하는 신이 관계가 없고, 그 신은 자기의 문제나 일에 관심이 없다는 것을 잘 알고 있습니다. 그래서 관심을 끌기 위해 치성을 드리는 것입니다. 그리고 이방인

역시 그들이 기도하는 신에게 관심이 없습니다. 오로지 자신의 어려운 문제나 소원을 능력이 많은 신이 해결해 주고 이루어 주기만을 바랄 뿐입니다. 주님은 이런 잘못된 기도를 본받지도, 따르지도 말라고 하셨습니다.

> 그러므로 그들을 본받지 말라 구하기 전에 너희에게 있어야 할 것을 하나님 너희 아버지께서 아시느니라 | 마 6:8

우리가 잘못된 기도를 하게 되는 이유는 우리 역시 이방인처럼 하나님에 대한 생각이 바르지 않기 때문입니다. 기도할 때 바르게 가져야 하는 생각은 무엇입니까? '하나님은 우리가 구하기 전에 우리에게 있어야 할 것을 아시는 분, 우리의 사정도 아시고 우리를 사랑하시는 하늘 아버지'라는 것입니다.

하나님에 대한 바른 생각 없이 기도하면 주님이 본받지 말라고 하신 외식의 기도나 이방인의 기도를 하게 됩니다. 우리가 바른 생각 없이 기도하면 종교성에 의한 종교적인 기도를 저절로 하게 됩니다. '하나님은 우리가 구하기 전에 우리의 필요를 아시는 하늘 아버지이시다'라는 바른 생각과 '기도를 들으시는 하나님은 우리 아버지이시다'라는 바른 관계를 갖고 기도하지 않으면 우리의 기도는 저절로 주님이 본받지 말라고 하신 잘못된 기도가 됩니다.

지금 우리가 어떤 기도를 드리는지 돌아봅시다. 많은 경우 주님이 본받지 말라고 하신 기도를 하고 있습니다. 하나님에 대한 바른 생각을 가지고 기도하는 것은 너무나 중요합니다.

하나님의 놀라운 능력으로 출애굽한 이스라엘 백성은 광야에서 금송아지를 만들어 놓고 '하나님'이라고 불렀습니다. 그들은 금송아지를 우상이라고 생각하지 않았습니다. 그 금송아지가 자기들을 구원하신 여호와 하나님이라 생각한 것입니다. 이것이 그들 주위의 이방인이 신을 섬기는 모습이었기에 본받아 한 것입니다. 하나님을 바르게 알지 않으면 구약의 이스라엘 백성처럼 이방인을 본받아 기도하는 우를 범하게 됩니다.

2.
하나님 나라와 의를 구하는 주기도문

그러므로 염려하여 이르기를 무엇을 먹을까 무엇을 마실까 무엇을 입을까 하지 말라 이는 다 이방인들이 구하는 것이라 너희 하늘 아버지께서 이 모든 것이 너희에게 있어야 할 줄을 아시느니라 그런즉 너희는 먼저 그의 나라와 그의 의를 구하라 그리하면 이 모든 것을 너희에게 더하시리라 | 마 6:31-33

주님은 "이렇게 기도하라" 하시면서, 우리에게 이방인들이 하는 세상 염려에 대한 기도가 아니라 하나님 나라와 의를 구하는 기도를 하라고 말씀하십니다. 주님이 가르쳐 주신 주기도문은 하나님 나라와 의를 구하는 기도입니다.

> 그러므로 너희는 이렇게 기도하라 하늘에 계신 우리 아버지여 이름이 거룩히 여김을 받으시오며 나라가 임하시오며 뜻이 하늘에서 이루어진 것같이 땅에서도 이루어지이다 오늘 우리에게 일용할 양식을 주시옵고 우리가 우리에게 죄지은 자를 사하여 준 것같이 우리 죄를 사하여 주시옵고 우리를 시험에 들게 하지 마시옵고 다만 악에서 구하시옵소서 ([대개] 나라와 권세와 영광이 아버지께 영원히 있사옵나이다 아멘) | 마 6:9-13

예수님이 "이렇게 기도하라" 하셨으니 지금부터 주님이 가르쳐 주신 대로 기도하기 위해 주기도문을 살펴보겠습니다.

우리는 주기도문을 주로 모임을 마칠 때 마무리하는 기도로 사용합니다. 그런데 주기도문은 그렇게 암송하라고 주신 기도문이 아니라 "이렇게 기도하라"고 주님이 친히 주신 기도문입니다. 주기도문을 그저 암송하기만 하면 거기에는 하나님과 대화하는 기도가 없으므로 '기도'가 빠져서 '주기도문'이 아니라 '주문'이 됩니다. 주기도문이 이방인의 주문 같

은 기독교의 주문이 아니라 하나님 나라와 의를 구하는 기도
가 되도록 주님이 가르쳐 주신 대로 이렇게 기도해야 합니다.

하늘에 계신 우리 아버지

주님은 "이렇게 기도하라" 하시기 전에 먼저 하나님에 대한 바른 생각을 가지고 기도하라고 말씀하셨습니다.

> 그러므로 그들을 본받지 말라 구하기 전에 너희에게 있어야 할 것을 하나님 너희 아버지께서 아시느니라 | 마 6:8

하나님은 우리가 구하기 전에 우리에게 있어야 할 것을 아시는 아버지이십니다. 이런 바른 생각으로 하늘에 계신 우리 아버지를 부르며 기도를 시작하라고 주님은 말씀하셨습니다. 이것이 주님이 본받지 말라고 하신 이방인의 기도와 하나님 아버지께 드리는 기도의 분명한 차이점입니다.

강해 설교가인 마틴 로이드 존스(Martyn Lloyd Jones)는 우리가 기도하기 어려운 이유는 보이지 않는 하나님께 기도하기 때문이라고 했습니다. 부모나 친구나 주위 사람들과는 얼굴을 맞대고 말하기 때문에 쉽게 대화할 수 있는데, 하나님은 우리 눈에 보이지 않는 영이시기 때문에 시선이 맞추어지지 않고 자꾸 잡념이 들어온다는 것입니다. 그런데 예수님이 가르쳐 주신 대로 하나님에 대한 바른 생각을 품고 하나님 아버지를 부르며 나아간다면 이런 기도의 장애는 쉽게 해결됩니다.

기도의 사람으로 알려진 조지 뮬러(George Muller)도 기도를 시작해서 짧게는 15분에서 길게는 1시간까지 하나님께 초점을 맞추는 데 사용했었다고 말했습니다. 이런 문제도 예수님의 가르침으로 쉽게 해결할 수 있습니다. 예수님의 가르침대로, 하나님은 우리가 기도하기 전에 우리의 필요와 사정을 다 아시는 사랑하는 하늘 아버지이시라는 바른 생각을 가지고 있으면 하나님 아버지를 부르는 즉시 기도를 시작할 수 있습니다.

우리가 하나님에 대한 바른 생각을 품고 하나님을 부르며 기도를 시작하면 로이드 존스가 말하는 기도의 장애나 뮬러가 겪은 기도의 문제인 시간 허비 없이 하나님께 즉시 기도할 수 있습니다.

하나님을 이런 마음으로 불렀다면 기도를 다한 것이나 마찬가지입니다. 왜냐하면 하나님은 이미 우리의 필요와 사정을 다 아시기에 말씀드릴 필요가 없기 때문입니다. 그런데 여기서 기도를 더 하는 이유는 우리가 하나님의 뜻을 잘 알아야 하기 때문이고, 하나님을 더욱 알아 가고 교제하기 위함입니다.

저는 염려가 많은 사람이기에 많은 경우 염려로 인해 잠에서 깹니다. 그래서 종종 염려를 가지고 하나님께 나아갑니다. 하나님은 나의 필요와 사정을 다 아시는 사랑의 아버지이시라는 마음을 품고 하늘에 계신 우리 아버지를 부를 때마다 염려가 사라지고 평안해지는 경험을 하고 있습니다. 하나님은 우리의 필요와 사정을 다 아시고 우리를 사랑하시는 하늘 아버지이십니다.

기도문 예시

하나님! 하나님은 제가 구하기 전에 저의 필요와 사정을 다 아시며 저를 사랑하시는 아버지이십니다. 저를 가장 잘 아시는 하나님 아버지를 부르며 하나님 아버지 앞에 나아갑니다. 저의 하나님 아버지께 기도할 수 있음에 감사합니다.

이름이 거룩히 여김을 받으시오며

이어서 예수님은 하나님의 이름을 높여 드리는 기도를 하라고 가르쳐 주십니다. 이것이 예수님이 가르쳐 주시는 기도의 첫 부분입니다.

하나님은 우리의 필요와 사정을 아시며 우리를 사랑하시는 하늘 아버지이시기에, 하나님 아버지의 이름을 높이는 것은 자녀인 우리가 마땅히 해야 하는 일입니다. 그래서 우리는 하나님의 이름을 불러 드림으로 하나님의 이름을 높이고 찬양을 드립니다.

아브라함은 이삭을 번제로 드리려 할 때 하나님이 수양을 이미 예비해 놓으신 것을 보고 '여호와 이레', '예비하시는 하나님'의 이름을 불러 높여 드렸습니다. 저는 "나의 필요와 사정을 아시는 사랑하는 하늘 아버지" 하며 기도를 시작하고, 곧이어 '나를 위해 모든 것을 예비하시는 하나님 아버지', '나의 길을 인도하시는 선한 목자 되신 하나님 아버지', '나와 항상 함께하시는 임마누엘 하나님 아버지'의 모습과 손길을 느끼며 하나님의 이름을 부르며 찬양합니다.

　여호와 이레, 우리의 모든 것을 예비해 주시는 하나님 아

34

버지를 찬양합니다.

🌱 여호와 로이, 우리를 인도하시는 선한 목자 되신 하나님 아버지를 찬양합니다.

🌱 여호와 닛시, 우리에게 승리를 주시는 하나님 아버지를 찬양합니다.

🌱 여호와 샬롬, 우리에게 하늘의 평안으로 함께하시는 하나님 아버지를 찬양합니다.

🌱 여호와 라파, 우리를 구원하시고 치유하시고 회복하시고 새롭게 하시는 하나님 아버지를 찬양합니다.

🌱 임마누엘, 우리와 언제나 함께하시는 하나님 아버지를 찬양합니다.

저는 주기도문으로 기도할 때마다 하나님의 이름을 서너 가지 불러 찬양하며 하나님을 높입니다. 제가 진정으로 높여 드리기 원하는 그분의 이름을 불러 찬양합니다. 그 가운데 언제나 빠지지 않는 이름은 '임마누엘, 나와 함께하시는 하나님'입니다. 언제 어디서나 항상 함께하시는 하늘 아버지를 누리며 살기 때문입니다.

기도문 예시

하나님! 하나님의 이름을 높여 찬양 드립니다. 여호와 이레, 저에게 가장 좋은 것으로 예비해 주시는 하나님을 찬양합니다. 여호와 로이, 좋은 길로 인도해 주시고 이끌어 주시는 선한 목자 되시는 하나님을 찬양합니다. 여호와 라파, 저를 구원하시고 치료하시고 회복시키시고 새롭게 하시는 하나님을 찬양합니다. 임마누엘, 저와 언제 어디서나 항상 함께하시는 하나님 아버지를 찬양합니다.

나라가 임하시오며

하나님 나라는 하나님이 통치하시고 다스리시는 나라입니다. 우리의 모든 일과 이 세상에 하나님이 통치하시고 다스리시는 하나님 나라가 임하기를 바라는 기도입니다. 먼저 우리 자신과 가정, 그리고 교회와 일터, 더 나아가 사회와 나라와 세계 열방까지 하나님의 통치가 임하기를 기도합니다.

하나님이 다스리실 때 우리는 천국을 누리게 됩니다. 하나님이 우리 가정을 다스려 주실 때 의와 평강과 기쁨이 넘치는 가정 천국이 됩니다. 이 기도는 사회 전 영역과 교회와 선교와 중보 기도와 여러 기도 제목을 하나님의 통치하심에 올려 드리는 기도입니다. "하나님, 다스려 주시옵소서" 하면서 우리의 것을 하나님께 맡겨 드리는 것입니다. 우리의 염려, 걱정, 문제, 그리고 기도 제목까지 다 하나님의 다스리심에 올려 드릴 때 하나님이 통치하시고 다스리심으로 하나님 나라가 임합니다.

은퇴 후 한국에 들어와 살다 보니 교회에 대한 암울한 이야기를 많이 듣곤 합니다. 그리고 정치도 마음을 답답하게 할 때가 많습니다. 그래서 매일 이 땅의 교회들과 우리나라에 하나님 나라가 임하기를 더욱 기도하고, 남북한 통일을 위해서도 더욱더 기도하게 되었습니다. 그리고 이 기도에 대해 주님이 제자들에게 하신 말씀으로 응답을 받았습니다.

> 그들이 모였을 때에 예수께 여쭈어 이르되 주께서 이스라엘 나라를 회복하심이 이때니이까 하니 이르시되 때와 시기는 아버지께서 자기의 권한에 두셨으니 너희가 알 바 아니요 오직 성령이 너희에게 임하시면 너희가 권능을 받고 예루살렘과 온 유대와 사마리아와 땅 끝까지 이르러 내 증인이 되리라 하시니라
> | 행 1:6-8

예수님의 제자들도 이스라엘의 회복에 대해 관심이 많았던 것 같습니다. 그래서 부활하신 주님께 이스라엘 나라를 회복하심에 대해 여쭈었습니다. 주님은 대답하시기를, "때와 시기는 아버지의 권한이니 너희가 알 바 아니다. 그러나 성령이 임하시면 너희가 권능을 받고 땅 끝까지 이르러 내 증인이 될 것이다"라고 하셨습니다.

저는 이 말씀을 통해 우리나라 상황과 통일 문제 등도 하나님의 권한에 속한 것으로, 하나님이 친히 다스리고 계신다는 소망을 갖게 되었습니다. 하나님이 친히 다스리고 계시니 적절한 때와 시기에 이루어 주실 줄 믿고 감사드리게 됩니다.

그래서 우리나라에 대한 암울함과 답답함에서 벗어나

이제는 기다리라고 하신 성령의 임재하심을 구하며 하나님 나라가 임하기를 기도합니다. 우리 믿는 자들에게 성령이 임하셔서 권능을 받고 주님의 증인이 되는 하나님의 뜻이 이루어지기를 기도합니다. 그리고 성령이 임하셔서 권능을 받아 주님의 증인이 되는 것이 우리 삶과 사역의 최고 준비이고, 통일에 대한 최선의 준비임을 깨닫게 됩니다.

우리에게 하나님 나라가 임하면 우리는 하나님 나라를 누리고 나누며 전하게 될 것입니다. 하나님 나라는 성령 안에서 의와 평강과 기쁨을 누리는 삶입니다. 우리에게 먼저 하나님 나라가 임하여 우리가 평강과 기쁨으로 하나님 나라를 누리며 살 때, 우리는 주님의 증인으로 하나님 나라가 임하게 하고 전하게 될 것입니다. 우리는 먼저 우리가 이 세상을 떠나 하나님 나라로 들어가는 것을 위해 기도하기보다 하나님 나라가 이 세상에 임하기를 기도해야 합니다.

하나님의 나라는 먹는 것과 마시는 것이 아니요 오직 성령 안에 있는 의와 평강과 희락이라 | 롬 14:17

기도문 예시

전능하신 하나님! 저의 마음과 삶을 드립니다. 다스려 주옵소서. 제 가정을 주님 손에 올려 드립니다. 통치하여 주옵소서. 우리 교회, 자녀들의 학교, 우리의 직장, 사회의 모든 영역(정치계, 법조계, 언론계, 예능계, 교육계, 기업계, 종교계 등)을 통치하여 주옵소서. 우리 모두에게 성령이 임하셔서 권능을 받고 주님의 증인으로 사회 전 영역에서 하나님 나라를 임하게 하는 자로 살도록 다스려 주옵소서.

주님이 북한 역시 통치하고 계심을 믿습니다. 하나님의 때에 통일되어 북한에도 복음이 전해지도록 이끌어 주옵소서. 땅 끝까지 이르러 주님의 증인 된 삶을 살고 있는 선교사들의 삶과 가정과 사역을 다스리시고 이끌어 주옵소서. 제 염려와 모든 문제도 맡기오니 다스리시며 통치하여 주옵소서.

뜻이 하늘에서 이루어진 것같이
땅에서도 이루어지이다

이 기도는 우리가 맡겨 드린 것을 하나님이 하나님의 뜻대로 잘 통치하시고 다스리실 것을 믿고 그렇게 되기를 바라면서 믿음으로 선포하는 것입니다.

우리가 생각하고 구하는 것보다 더 선하고 귀하게 이루실 하나님이심을 믿습니다. 가장 멋지게 이루실 하나님 아버지를 생각하며 모든 것을 하나님께 맡겨 드립니다. 이 기도에 우리의 기원을 담아 가슴 벅차게 선포하면 됩니다.

"뜻이 하늘에서 이루어진 것같이 땅에서도 이루어지이다! 아멘!"

우리 안에서 역사하시는 능력을 따라 우리가 구하고 생각하는 모든 것보다 훨씬 더 넘치도록 하실 수 있는 분에게 교회 안에서와 그리스도 예수 안에서 영광이 대대로 영원무궁하기를 빕니다. 아멘 | 엡 3:20-21, 우리말성경

한번은 목회자 모임에서 한 목회자가 교회 건축 하청업자로 인해 골치를 썩고 있다는 이야기를 했습니다. 우리는 이

문제를 하나님의 다스리심에 맡겨 드리면서 하나님이 하나님의 뜻대로 잘 이루어 주실 것을 믿으며 이 구절의 기도를 함께 믿음으로 선포했습니다. 어느 성도들은 직장의 일을, 사춘기 자녀의 문제를, 남편의 술 문제를, 형제자매들의 중한 병을 하나님의 다스리심에 맡겨 드리며 하나님의 뜻이 이루어질 것을 믿음으로 선포하고 함께 기도했습니다.

이렇게 기도하며 선포할 때 이미 우리의 문제는 하나님의 손안에서 하나님에 의해 다스려지고 있음을 느끼게 됩니다. 하나님의 뜻을 신실하게 이루어 가시는 하나님 아버지를 찬양합니다.

하늘에 계신 우리 아버지를 부를 때는 하늘 아버지께서 우리의 필요와 사정을 아시고 우리를 사랑하시는 분이라는 마음을 품습니다. 그 마음으로 하나님을 부르기에 모든 짐을 내려놓고 평안함을 느끼게 됩니다. 그리고 하나님 아버지께 우리의 모든 문제와 기도 제목을 맡겨 드리고 그분이 우리의 모든 것을 맡아 행하실 것을 기대합니다. 그러면서 "뜻이 하늘에서 이루어진 것같이 땅에서도 이루어지이다"라고 기도할 때 마음에 믿음과 소망이 부어지는 경험을 하곤 합니다.

하나님 나라가 임하기를 구하며 우리의 모든 것을 맡겨 드릴 때 믿음과 소망을 갖게 되는 이유는 하나님 아버지는 우리에게 좋은 것을 주시는 하늘 아버지이시기 때문입니다. 하나님은 모든 것이 합력하여 선을 이루게 하시는 아버지이십니다.

> 너희가 악한 자라도 좋은 것으로 자식에게 줄 줄 알거든 하물며 하늘에 계신 너희 아버지께서 구하는 자에게 좋은 것으로 주시지 않겠느냐 | 마 7:11

> 우리가 알거니와 하나님을 사랑하는 자 곧 그의 뜻대로 부르심을 입은 자들에게는 모든 것이 합력하여 선을 이루느니라
> | 롬 8:28

> 온갖 좋은 은사와 온전한 선물이 다 위로부터 빛들의 아버지께로부터 내려오나니 그는 변함도 없으시고 회전하는 그림자도 없으시니라 | 약 1:17

기도문 예시

하나님 아버지! 제가 맡겨 드린 문제와 기도를 주님이 받으셔서 다스리시므로 주님의 온전하시고 선하신 뜻이 그대로 이루어질 것을 믿고 믿음으로 선포합니다. 하나님의 뜻이 하늘에서 이루어진 것같이 제가 기도한 문제와 생각이 나지 않아 미처 맡겨 드리지 못한 것에도 이루어질 것을 믿습니다.

오늘 우리에게 일용할 양식을 주시옵고

'일용할 양식'을 무엇으로 생각하느냐에 따라 구하는 내용이 달라질 것입니다. 사람들이 말하는 '일용할 양식'에 대한 해석은 약 다섯 가지입니다.

첫째, 문자 그대로 '일용할 양식'으로 이해하는 해석입니다. 오늘 하루 일용할 양식까지 하나님을 의지하면서 하루하루를 사는 신실한 사람들이 되라는 해석입니다.

둘째, 일용할 양식을 '우리에게 필요한 모든 것'으로 보는 해석입니다. 마르틴 루터(Martin Luther)가 이렇게 해석한 것으로 알려져 있습니다. 이런 의미로 해석할 때 "우리에게 일용할 양식을 주시옵소서"라는 기도는 '우리에게 필요한 모든 것을 하나님께 의뢰하면서 살라'는 내용이 될 것입니다.

셋째, 일용할 양식을 '영적인 양식', 즉 '말씀'으로 보는 해석입니다. 성경은 "사람이 떡으로만 살 것이 아니요 하나님의 입으로부터 나오는 모든 말씀으로 살 것이라"(마 4:4; 눅 4:4; 신 8:3) 하고, 주님도 "나의 양식은 나를 보내신 이의 뜻을 행하며 그의 일을 온전히 이루는 이것이니라"(요 4:34) 하셨습니다. 그리고 성경은 말씀을 가리켜 영적인 음식이라 말합니다.

갓난아기들같이 순전하고 신령한 젖을 사모하라 이는 그로 말
미암아 너희로 구원에 이르도록 자라게 하려 함이라

| 벧전 2:2

넷째, 일용할 양식이 이 모든 것을 다 의미한다고 보는 해석입니다. 즉 일용할 양식을 육적인 양식과 우리의 필요와 영적인 양식인 말씀까지 모두 포함한다고 이해하는 것입니다.

다섯째, 일용할 양식이 '예수님의 살과 피'를 의미한다고 보는 해석입니다. 예수님도 친히 주님의 살과 피를 먹고 마시라고 말씀하셨습니다(요 6:54-56). 일용할 양식을 참된 양식인 예수님의 살과 피로 해석하는 사람들은 지금도 매일 빵과 포도주로 성찬식을 하면서 주님 안에서 신실하게 살고자 합니다.

누구든지 내 살을 먹고 내 피를 마시는 사람은 영생이 있고 내가 마지막 날에 살릴 것이다. 내 살이야말로 참된 양식이요, 내 피야말로 참된 음료다. 누구든지 내 살을 먹고 내 피를 마시는 사람은 내 안에 있고 나도 그 안에 있다

| 요 6:54-56, 우리말성경

그런데 사람들이 '일용할 양식'을 무엇으로 생각하고 해석하느냐보다 중요한 것은 주님이 주기도문을 가르쳐 주실

때 우리에게 구하라고 하신 '일용할 양식'이 무엇을 의미하는 지를 아는 것입니다. 그때 우리는 주기도문 기도를 통해 바른 것을 구할 수 있습니다.

> 그러므로 염려하여 이르기를 무엇을 먹을까 무엇을 마실까 무 엇을 입을까 하지 말라 이는 다 이방인들이 구하는 것이라 너 희 하늘 아버지께서 이 모든 것이 너희에게 있어야 할 줄을 아 시느니라 그런즉 너희는 먼저 그의 나라와 그의 의를 구하라 그리하면 이 모든 것을 너희에게 더하시리라 | 마 6:31-33

주기도문은 예수님이 이방인의 기도를 본받지 말고 하 나님 나라와 의를 구하라고 가르쳐 주신 기도입니다. "염려하 여 이르기를 무엇을 먹을까 … 하지 말라" 하시면서 "이는 다 이방인들이 구하는 것이라" 하셨으니, 주님이 우리에게 구하 라고 하신 '일용할 양식'은 우리 육신의 양식이나 우리의 필 요를 의미하는 것이 아닙니다. 그것은 바로 주님이 기도하라 고 하신 하나님 나라와 의를 구하기 위한 말씀입니다. 즉 여 기서 주님이 구하라고 하신 일용할 양식은 '하나님의 말씀'을 의미한다고 보는 것입니다.

주님은 하나님 아버지는 우리가 구하기 전에 이미 우리 의 필요를 아시므로 이방인같이 먹을 것과 필요한 것을 구하지 말라고 하셨습니다. 그러므로 우리가 구할 것은 우리의 먹을 것과 필요가 아니라 하나님 나라와 의입니다.

물론 우리는 하나님의 자녀로서 우리의 양식이나 필요 뿐 아니라 그 어떤 것도 기도할 수 있습니다. 다만 주기도문에서 주님이 "일용할 양식을 구하라"고 하신 것은, 주기도문이 하나님 나라와 의를 구하는 기도이기에, 우리의 먹을 것이나 필요를 구하라고 하신 것이 아니라 하나님 나라를 임하게 하기 위한 말씀과 하나님의 의(뜻)인 말씀을 구하라고 하신 것으로 보는 것이 옳습니다.

우리가 먼저 하나님 나라와 의를 구할 때 하늘 아버지는 우리가 구하지 않은 우리의 모든 필요를 더하여 주시겠다고 말씀하셨습니다(마 6:33).

기도문 예시

사람이 떡으로만 살 것이 아니요 하나님의 입으로부터 나오는 모든 말씀으로 살 것이라고 말씀하신 하나님! 먼저 하나님 나라와 의를 구하라고 하신 하나님 아버지! 오늘 하나님 나라를 위해 붙잡고 살아야 할 영적 양식인 말씀을 주시옵소서.

이 시간 "너와 함께하고 너를 기뻐한다"는 말씀을 주시니 감사합니다. "내 양은 내 음성을 들으며 나는 그들을 알며 그들은 나를 따르느니라"(요 10:27)라는 말씀을 주시니 감사합니다. "아무것도 염려하지 말고 다만 모든 일에 기도와 간구로, 너희 구할 것을 감사함으로 하나님께 아뢰라 그리하면 모든 지각에 뛰어난 하나님의 평강이 그리스도 예수 안에서 너희 마음과 생각을 지키시리라"(빌 4:6-7)라는 말씀을 주시니 감사합니다.

우리가 우리에게 죄지은 자를 사하여 준 것같이

우리 죄를 사하여 주시옵고

이 기도는 하나님이 일용할 양식으로 주신 말씀을 붙잡고 용서하는 것입니다. 실상 우리에게는 남을 용서할 수 있는 힘이 없습니다. 하나님이 일용할 양식인 말씀을 주실 때 그 말씀의 능력으로 용서할 수 있습니다.

제가 교회에 다니면서 기도에 대한 설교를 통해서나 선배들에게서 배운 기도는 '회개부터 시작하라'였습니다. 그런데 주기도문의 경우 용서의 기도가 앞에 있지 않고 뒷부분에 나와서 의아했습니다. 그때 하나님이 주신 말씀이 있습니다.

"너는 용서할 힘도, 다른 사람을 사랑할 능력도 없단다. 네가 나의 말을 받았을 때 그 말씀의 힘으로 다른 사람을 용서하고 사랑할 수 있단다."

정말 그렇습니다. 저에게는 용서하거나 사랑할 수 있는 힘이 없습니다. 하지만 하나님이 주시는 일용할 양식인 말씀을 받을 때 그 말씀으로 다른 사람들을 용서할 수 있습니다. 마치 섭취한 음식으로 에너지를 얻어 살아가듯, 우리는 영적인 양식인 말씀을 일용할 양식으로 받을 때 말씀의 힘으로 넉넉하게 용서하면서 사랑으로 살게 됩니다.

이렇게 주기도문으로 적어도 하루에 한 번 이상 용서의 기도를 하게 되면 우리에게는 상처나 쓴 뿌리가 생기지 않습니다. 관계에서 이런저런 일로 상처가 생겨도 그날그날 기도 가운데 용서하므로 상처가 깊어지지 않고 곧 회복되며 쓴 뿌리도 생기지 않는 것입니다.

주기도문은 하나님 나라와 의를 구하는 기도이므로, 용서의 기도도 하나님 나라와 의를 구하는 기도로 이해해야 합니다. 용서의 기도가 하나님 나라를 임하게 하고 하나님의 의를 구하게 합니다. 하나님 나라는 용서에서 시작되고 용서할 때 임합니다. 용서는 하나님 나라와 의를 구하는 것입니다.

기도문 예시

이제 제가 하나님께 받은 말씀의 은혜로 저에게 잘
못한 자를 용서함으로 오늘 하루의 삶을 삽니다. 저
를 서운하게 한 사람들이나 억울하게 한 사람들을
용서합니다. 껄끄러운 사람들, 불편한 사람들을 용
서합니다. 오늘도 용서함으로 하나님 나라를 누리
고 전하며 살게 하소서.

우리를 시험에 들게 하지 마시옵고
다만 악에서 구하시옵소서

시험은 우리를 하나님의 말씀과 뜻대로 살지 못하도록 유혹하고 미혹하는 것을 말합니다. 그러므로 이 기도는 하나님이 주시는 말씀을 일용할 양식으로 받은 우리가 그 말씀대로 살 수 있도록 하나님의 보호하심과 인도하심을 구하는 것입니다.

우리가 하나님의 말씀을 받지 못하면 이미 시험에 든 것입니다. 붙잡고 살아야 할 말씀을 갖지 못했으니 이미 시험에 든 것이라고 할 수 있습니다. 아마도 마귀는 우리가 말씀대로 살지 못하도록 말씀 묵상을 막을 것입니다. 일용할 양식을 구하는 주기도문을 제대로 하지 못하도록 방해할 것입니다. 그렇기에 아침에 말씀 묵상을 하려면 그토록 방해 요소가 많은 것입니다. 또한 용서하는 마음이 없으면 이미 시험에 들어서 살고 있는 것입니다. 하나님의 뜻은 용서이며 사랑이기 때문입니다.

말씀을 못 받았거나 마음속에 미움이 있다면 정직하게, "우리가 이미 시험에 들었사오니 다만 악에서 구하시옵소서"라고 기도해야 합니다. 그리고 하나님의 말씀대로 살지 못하도록 우리를 유혹하고 악에 빠지도록 미혹하는 악한 자가 있음을 인식하고 하나님의 인도하심을 구하며 겸손히 하나님의 보호하심 가운데 살아야 합니다. 아울러 악한 자를 대적해 시험과 유혹을 물리치고 하나님의 선을 이루며 살도록 기도해야 합니다.

무엇보다, 우리가 하나님 나라와 의를 구하는 주기도문으로 제대로 기도하지 못하도록 방해하는 시험도 있다는 사실을 반드시 유의할 필요가 있습니다.

아무나 천국 말씀을 듣고 깨닫지 못할 때는 악한 자가 와서 그 마음에 뿌려진 것을 빼앗나니 이는 곧 길가에 뿌려진 자요 | 마 13:19

그가 우리를 대신하여 자신을 주심은 모든 불법에서 우리를 속량하시고 우리를 깨끗하게 하사 선한 일을 열심히 하는 자기 백성이 되게 하려 하심이라 | 딛 2:14

이르시되 어찌하여 자느냐 시험에 들지 않게 일어나 기도하라 하시니라 | 눅 22:46

기도문 예시

하나님 아버지! 저에게 주신 말씀대로 살지 못하게 하고 하나님의 뜻대로 살지 못하게 하는 유혹에서 보호해 주시고, 혹시 시험에 들더라도 악한 자에게 사로잡히지 않도록 구하여 주옵소서. 마귀가 시험할 때 하나님이 주신 말씀의 검으로 대적하여 승리하는 삶을 살게 하소서. 오히려 제가 주님이 주신 말씀대로 살아 하나님의 선한 뜻을 이루며 살도록 인도하여 주소서.

(대개) 나라와 권세와 영광이

아버지께 영원히 있사옵나이다. 아멘!

　　주기도문의 마지막 문장인 송영은 우리의 기도가 하나님 나라와 의를 구하는 이유를 선언하며 마치는 것입니다.

　　우리는 주기도문의 '대개'의 의미를 잘 몰라 그냥 지나칠 때가 많습니다. 성경에도 '대개'라는 표현이 빠져 있고, 주기도문을 할 때도 '대개'를 빼는 사람들이 많습니다. 그런데 '대개'의 의미를 지닌 단어가 헬라어 성경에도, 영어 성경에도 있습니다(영. For; 헬. Oti [호티]). 그러므로 주기도문으로 기도할 때 혹시 '대개'라는 단어는 빼더라도 그 의미는 반드시 생각하면서 기도해야 합니다. 그 의미를 넣어 기도하는 것과 빼고 기도하는 것에는 엄청난 차이가 있습니다.

　　주기도문의 '대개'란 '왜냐하면'이라는 뜻입니다. 우리가 이 세상에 살면서 세상의 필요나 우리의 뜻을 구하지 않고 하나님 나라와 의를 구하는 이유를 말하는 것입니다. 그러므로 "우리가 이렇게 기도하는 까닭은 하나님 나라와 권세와 영광이 하나님께 영원히 있기 때문입니다!"라고 감격적으로 선언하면서 기도를 마치는 것입니다.

　　그래서 저는 주기도문에서 송영 부분을 기도할 때면 벌

떡 일어나 두 손을 들고 선언하듯 외치면서 기도합니다. 다음과 같은 의미를 마음에 가득 담고 감격적으로 외치듯 기도합니다.

"(우리가 이 땅에서 살면서 이 땅의 삶의 필요를 구하지 않고) 오늘도 이렇게 하나님 나라와 의를 구하는 까닭은 (왜냐하면) 하나님 나라와 권세와 영광이 아버지께 영원히 있기 때문입니다. 아멘! 아멘! 아멘!"

얼마나 감격적인 마침이 되는지 모릅니다. 진정으로 주기도문으로 기도한 사람만이 느낄 수 있는 감격의 체험입니다.

우리가 영원한 하나님 나라와 의를 구하는 영광스런 하나님의 자녀임을 자랑스럽게 생각하며 감격으로 선언합니다. 그리고 이렇게 하나님 나라와 의를 구하면서 살 때 주님이 말씀하신 대로 이 세상에서 필요한 모든 것을 더하여 주시는 삶을 누리게 됩니다.

그런즉 너희는 먼저 그의 나라와 그의 의를 구하라 그리하면 이 모든 것을 너희에게 더하시리라 | 마 6:33

기도문 예시

제가 이 땅에서 하나님 나라와 의를 구하며 사는 것은 나라와 권세와 영광이 아버지께 영원히 있기 때문입니다. 제가 오늘도 하나님의 자녀로 하나님 나라와 의를 구하며 살게 하시니 감사와 찬양을 하나님 아버지께 드립니다. 아멘! 아멘! 아멘!

하루 세 번
주기도문으로 기도하기의 유익은
하나님과 동행하고 교제하는 삶을 살며,
성경의 모든 기도 명령을 이루고,
하나님 나라의 역사에 쓰임받는다는 것입니다.

주기도문 기도 예시 1

주기도문 기도가 익숙해지기까지 다음 내용을 참고하여 기도하면 좋습니다. 주기도문의 의미를 되새기며 기도합니다.

하늘에 계신 우리 아버지

하나님은 우리가 구하기 전에 우리의 필요와 사정을 다 아시며 우리를 사랑하시는 아버지이십니다. 우리를 가장 잘 아시는 하나님 아버지를 부르며 하나님 아버지 앞에 나아갑니다. 우리 하나님 아버지께 기도할 수 있음에 감사합니다.

이름이 거룩히 여김을 받으시오며

하나님! 하나님의 이름을 높여 찬양 드립니다.
여호와 이레, 우리에게 가장 좋은 것으로 예비해 주시는 하나님을 찬양합니다.

여호와 로이, 좋은 길로 인도해 주시고 이끌어 주시는 선한 목자 되시는 하나님을 찬양합니다.

여호와 라파, 우리를 구원하시고 치료하시고 회복시키시고 새롭게 하시는 하나님을 찬양합니다.

임마누엘, 우리와 언제 어디서나 항상 함께하시는 하나님 아버지를 찬양합니다.

나라가 임하시오며

전능하신 하나님! 우리의 마음과 삶을 드립니다. 다스려 주옵소서. 우리 가정을 주님 손에 올려 드립니다. 통치하여 주옵소서. 우리 교회, 자녀들의 학교, 우리의 직장, 사회의 모든 영역(정치계, 법조계, 언론계, 예능계, 교육계, 기업계, 종교계 등)을 통치하여 주옵소서. 우리 모두에게 성령이 임하셔서 권능을 받고 주님의 증인으로 사회 전 영역에서 하나님 나라를 임하게 하는 자로 살도록 다스려 주옵소서.

주님이 북한 역시 통치하고 계심을 믿습니다. 하나님의 때에 통일되어 북한에도 복음이 전해지도록 이끌어 주옵소서. 땅 끝까지 이르러 주님의 증인 된 삶을 살고 있는 선교사들의 삶과 가정과 사역을 다스리시고 이끌어 주옵소서. 우리의 염려와 모든 문제도 맡기오니 다스리시며 통치하여 주옵소서.

뜻이 하늘에서 이루어진 것같이
땅에서도 이루어지이다

하나님 아버지! 우리가 맡겨 드린 문제와 기도를 주님이 받으셔서 다스리시므로 주님의 온전하시고 선하신 뜻이 그대로 이루어질 것을 믿고 믿음으로 선포합니다. 하나님의 뜻이 하늘에서 이루어진 것같이 우리가 기도한 문제와 생각이 나지 않아 미처 맡겨 드리지 못한 것까지 이루어질 것을 믿습니다.

오늘 우리에게 일용할 양식을 주시옵고

사람이 떡으로만 살 것이 아니요 하나님의 입으로부터 나오는 모든 말씀으로 살 것이라 말씀하신 하나님! 먼저 하나님 나라와 의를 구하라고 하신 하나님 아버지! 오늘 하나님 나라를 위해 붙잡고 살아야 할 영적 양식인 말씀을 주시옵소서.

이 시간 "우리와 함께하고 우리를 기뻐한다"는 말씀을 주시니 감사합니다. "내 양은 내 음성을 들으며 나는 그들을 알며 그들은 나를 따르느니라"(요 10:27)라는 말씀을 주시니 감사합니다. "아무것도 염려하지 말고 다만 모든 일에 기도와 간구로, 너희 구할 것을 감사함으로 하나님께 아뢰라 그리하면 모든 지각에 뛰어난 하나님의 평강이 그리스도 예수 안에서 너희 마음과 생각을 지키시리라"(빌 4:6-7)라는 말씀을 주시니 감사합니다.

> 우리가 우리에게 죄지은 자를 사하여 준 것같이
> 우리 죄를 사하여 주시옵고

이제 우리가 하나님께 받은 말씀의 은혜로 우리에게 잘못한 자를 용서함으로 오늘 하루의 삶을 삽니다. 우리에게 서운하게 한 사람들이나 억울하게 한 사람들을 용서합니다. 껄끄러운 사람들, 불편한 사람들을 용서합니다. 오늘도 용서함으로 하나님 나라를 누리고 전하며 살게 하소서.

> 우리를 시험에 들게 하지 마시옵고
> 다만 악에서 구하시옵소서

하나님 아버지! 우리에게 주신 말씀대로 살지 못하게 하고 하나님의 뜻대로 살지 못하게 하는 유혹에서 보호해 주시고, 혹시 시험에 들더라도 악한 자에게 사로잡히지 않도록 구하여 주옵소서. 마귀가 시험할 때 하나님이 주신 말씀의 검으로 대적하여 승리하는 삶을 살게 하소서. 오히려 우리가 주님이 주신 말씀대로 하나님의 선한 뜻을 이루며 살도록 인도하여 주소서.

(대개) 나라와 권세와 영광이 아버지께
영원히 있사옵나이다. 아멘!

우리가 이 땅에서 하나님 나라와 의를 구하며 사는 것은 나
라와 권세와 영광이 아버지께 영원히 있기 때문입니다. 우리
가 오늘도 하나님의 자녀로 하나님 나라와 의를 구하며 살게
하시니 감사와 찬양을 하나님 아버지께 드립니다. 아멘! 아
멘! 아멘!

주기도문 기도 예시 2

🌱 주기도문 기도가 익숙해졌다면 다음과 같이 자연스럽게
변화를 주어 기도해도 좋습니다. 주기도문의 의미를 되
새기며 기도합니다.

하늘에 계신 우리 아버지

우리의 필요와 사정과 형편을 다 아시는 사랑의 아버지! 찬
양합니다. 우리의 모든 것을 예비하시는 여호와 이레 하나
님! 찬양합니다. 우리를 선한 길로 인도하시는 선한 목자 되
신 하나님! 찬양합니다. 우리와 항상 함께하시는 임마누엘
하나님! 찬양합니다.

오늘도 나의 삶을 통해
하나님 나라가 임하기를 기도합니다.

나의 영과 혼과 몸을 드리니 다스려 주옵소서.

나의 가정, 교회, 일터를 통치하여 주시고 하나님 나라가 임하소서!

우리나라와 열방을 다스려 주옵소서! 때와 기한은 하나님께 속한 것으로 우리의 알 바가 아니라고 하셨으니 하나님이 친히 통치하고 계심을 믿습니다.

오직 성령이 임하시면 너희가 권능을 받고 주님의 증인이 되리라 하셨으니 우리에게 성령님이 임하셔서 권능을 받고 주님의 증인 된 삶을 살게 하소서!

주님의 증인 된 우리로 인해 하나님 나라가 이 땅에 임하기를 기도합니다. 우리의 문제와 기도 제목도 올려드리오니 맡으셔서 다스려 주옵소서!

하나님의 뜻이 하늘에서 이루어진 것같이 우리가 사는 이 세상에서도 이루어지이다! 이렇게 모든 것을 맡겨 드립니다.

오늘 제 마음에 붙잡고 살아야 할 일용할 양식, 말씀을 주옵소서!

"하나님의 능하신 손 아래에서 겸손하라 때가 되면 너희를 높이시리라"(벧전 5:6)는 말씀을 주시니 감사합니다.

"염려하지 말고 기도하라. 비판하지 말고 기도하라. 기도로 대접하라"고 말씀해 주시니 감사합니다.

이제 주신 말씀으로 이웃을 용서합니다.
용서로 하나님 나라와 의를 구합니다.

하나님이 주신 말씀대로 살도록 마귀의 시험과 악에서 보호
하시고 인도하여 주옵소서!

"내 이름으로 귀신을 쫓아내며 새 방언을 말하며 뱀을 집어
올리며 무슨 독을 마실지라도 해를 받지 아니하며 병든 사
람에게 손을 얹은즉 나으리라"(막 16:17-18) 하신 주님의 말씀
대로 말씀의 검으로 시험과 악을 이기고 하나님의 뜻인 선을
이루며 살게 하소서!

오늘도 이렇게 하나님 나라와 의를 구하며 살게 하시니 감사
합니다. 이 세상을 구하지 않고 하나님 나라와 의를 구하는
것은 나라와 권세와 영광이 아버지께 영원히 있기 때문입니
다. 아멘! 아멘! 아멘!

⬥ 더 다양한 기도문이 부록에 수록되어 있습니다.

3.
주기도문 기도, 이렇게 시작하자

일용할 양식을 먼저 구한다

하루 세 번의 기도는 하나님과 교제하는 시간으로 하나님이 주신 말씀을 기억하는 것이 중요합니다. 그래서 기도할 상황이 안 되면 아침 말씀 묵상 때 하나님이 주신 말씀을 잠시 기억하는 것만으로도 괜찮습니다.

주기도문으로 처음 기도하는 분이라면, 처음부터 주기

도문을 다 하려 하지 말고 "일용할 양식을 주시옵소서"를 먼저 해도 좋습니다. 식사 기도를 할 때 아침 말씀 묵상 시 받은 말씀을 생각하면서 "이런 말씀을 일용할 양식으로 주셔서 감사합니다" 하는 식으로 기도하면서 일용할 양식으로 주신 말씀을 기억하는 것입니다. 그러다가 정해진 시간(9시, 12시, 3시)에 기도하면서 "일용할 양식을 주시옵소서"라고 기도하며 하나님의 말씀을 받는 시간을 가지면 좋습니다.

그리고 좀더 기도를 늘려 하나님의 이름을 찬양하는 기도를 하고 일용할 양식을 구하는 기도를 합니다. 이렇게 조금씩 늘려 가면서 나중에는 주기도문 전체를 하면 됩니다.

습관을 들이는 연습을 한다

주기도문으로 기도하기의 유익이 많더라도 처음에는 습관이 들지 않아 힘들 수 있습니다. 새로운 습관을 들이는 데 따르는 어려움입니다. 자주 기도 시간을 잊어버리고, 그냥 지나쳐 버리기도 합니다. 개인에 따라 다르지만 적어도 몇 달간의 연습 시간이 필요합니다. 정해진 기도 시간에 알람을 맞춰 놓거나 혹 시간이 지나갔으면 생각이 났을 때 기도하면 됩니다.

꾸준히 계속하는 것이 중요하다

하루 세 번 기도하기를 실천할 때 처음에는 아무 일도 일어나지 않는 것 같고, 하루 세 번 기도를 할 때나 안 할 때나 차이가 없는 것 같아 그만하고 싶을 때가 있습니다. 그때 포기하지 않고 하나님과 교제하는 시간임을 생각하면서 계속하는 것이 중요합니다. 친구는 자주 만나야 친해지는 것과 마찬가지입니다.

경건의 연습과 육체 운동은 이런 면에서 동일합니다. 처음 얼마 동안은 어떤 변화도 없는 것 같지만 꾸준히 하면 유익합니다. 그래서 꾸준히 하는 것이 중요합니다. 운동을 하면 몸이 건강해지는 유익이 있지만, 경건의 연습은 모든 일에 유익합니다. 우리는 경건의 연습으로 놀라운 유익을 누리며 살 수 있습니다.

오직 경건에 이르도록 너 자신을 단련하여라. 육체를 단련하는 것은 조금은 유익하나 경건은 모든 일에 유익하며 이 세상과 앞으로 올 세상의 생명을 약속한다 | 딤전 4:7-8, 우리말성경

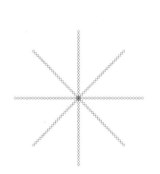

기도하는 마음으로 주기도문 읽기

지금까지 살펴본 주기도문의 의미를 생각하면서, 기도하는 마음으로 주기도문을 천천히 읽어 봅시다. 읽으면서 의미가 명확하지 않은 부분이 있다면 앞의 설명을 참고합니다. 의미를 생각하면서 기도하는 마음으로 2-3회 읽고 나서 주기도문으로 기도해 봅시다.

그러므로 그들을 본받지 말라

구하기 전에 너희에게 있어야 할 것을

하나님 너희 아버지께서 아시느니라

그러므로 너희는 이렇게 기도하라

하늘에 계신 우리 아버지여

이름이 거룩히 여김을 받으시오며

나라가 임하시오며

뜻이 하늘에서 이루어진 것같이

땅에서도 이루어지이다

오늘 우리에게 일용할 양식을 주시옵고

우리가 우리에게 죄지은 자를 사하여 준 것같이

우리 죄를 사하여 주시옵고

우리를 시험에 들게 하지 마시옵고

다만 악에서 구하시옵소서

(대개) 나라와 권세와 영광이 아버지께

영원히 있사옵나이다 아멘

마 6:8-13

II

주기도문 기도로
점검하는 나의 삶

1.
제대로 기도하는 사람의 특징

기도하는 것은 신앙생활에서 중요하지만, 사실 이보다 더 중요한 것은 기도하는 사람의 삶입니다. 만약 기도하는 사람의 삶이 바르지 못하다면 그 기도가 잘못된 것이기 때문입니다. 우리는 기도하는 사람의 삶을 통해 그의 기도가 바른지, 아닌지를 알 수 있습니다. 바른 기도를 한다면 기도하는 사람의 삶 역시 바르게 되어 갑니다.

삶에 용서가 있으면 제대로 기도한 사람이다

너희가 사람의 잘못을 용서하면 너희 하늘 아버지께서도 너희
잘못을 용서하시려니와 너희가 사람의 잘못을 용서하지 아니
하면 너희 아버지께서도 너희 잘못을 용서하지 아니하시리라
| 마 6:14-15

예수님은 주기도문을 가르쳐 주신 후에, 기도하는 사람
의 삶에 용서가 있으면 하늘 아버지께 제대로 기도한 것이라
는 사실을 알려 주십니다. 주기도문으로 하늘 아버지께 기도
했는데 그 삶에 용서가 없다면 그는 주기도문 기도를 외식하
는 기도나 이방인의 중언부언하는 기도로 한 것입니다.

주기도문 기도로 사랑의 하나님을 만났는데 용서가 없
다면 그 사람은 하나님을 만난 것이 아니라 그저 종교적인 기
도를 드렸을 뿐입니다. 주기도문 기도로 하나님을 만났고 하
나님 나라와 의를 구하는 기도를 드렸다면 그는 하나님의 사
랑을 받아 용서하는 삶을 살게 됩니다. 용서하는 것이 하나님
나라의 시작입니다.

주기도문으로 기도할 때 우리는 "우리가 우리에게 죄지
은 자를 사하여 준 것같이 우리 죄를 사하여 주시옵고"라는

용서의 기도를 드립니다. 그런데 이 기도를 할 때마다 용서가 안 되는 일이나 용서가 어려운 사람이 있을 수 있습니다. 심지어 어떤 성도는 주기도문 기도를 할 때 이 구절이 마음에 부담이 되고 찔려서 아예 빼고 한다고 말하기도 했습니다. 이런 경우는 마음이 상했기 때문입니다.

그러므로 이럴 때는 "용서하게 해 주소서"라거나 "사랑의 마음을 주소서"라고 기도하기보다는 솔직한 감정을 토로하는 것이 좋습니다. 그 사람이 밉다든지, 그 사람이 잘못되기를 바라는 마음이라든지, 지금 상한 감정을 있는 그대로 하나님께 아뢰는 것입니다. 이것은 상한 마음을 하나님께 드리는 것으로, 그 마음을 받으신 하나님이 우리의 상한 마음을 치유해 주십니다.

다윗은 용서가 안 되는 사람이 있을 때 자신의 상한 마음을 다음과 같이 솔직한 기도로 하나님께 올려 드렸습니다.

그의 연수를 짧게 하시며 그의 직분을 타인이 빼앗게 하시며 그의 자녀는 고아가 되고 그의 아내는 과부가 되며 그의 자녀들은 유리하며 구걸하고 그들의 황폐한 집을 떠나 빌어먹게 하소서 | 시 109:8-10

하나님은 다윗의 상한 마음을 받으셔서 그의 마음을 치

유해 주셨고, 하나님께 감사하고 찬양하고 주님을 신뢰하는 마음으로 회복시켜 주셨습니다. 그래서 다윗은 이렇게 기도를 마쳤습니다.

내가 입으로 여호와께 크게 감사하며 많은 사람 중에서 찬송하리니 그가 궁핍한 자의 오른쪽에 서사 그의 영혼을 심판하려 하는 자들에게서 구원하실 것임이로다 | 시 109:30-31

제대로 기도하는 사람은 대접하는 삶을 산다

예수님은 주기도문을 가르쳐 주신 후 기도자는 용서하는 삶을 살아야 한다고 말씀하셨습니다. 그리고 이어서 사람들에게 보이려고 하는 외식하는 기도나 이 세상에서 잘되기를 바라며 치성을 올리는 이방인의 기도는 땅에 보물을 쌓는 것이라고 하셨습니다. 반면 주기도문으로 하나님 나라와 의를 구하는 기도는 하늘에 보물을 쌓는 것이라고 하셨습니다.

너희를 위하여 보물을 땅에 쌓아 두지 말라 거기는 좀과 동록이 해하며 도둑이 구멍을 뚫고 도둑질하느니라 오직 너희를 위하여 보물을 하늘에 쌓아 두라 거기는 좀이나 동록이 해하지 못하며 도둑이 구멍을 뚫지도 못하고 도둑질도 못하느니라 네 보물 있는 그곳에는 네 마음도 있느니라 | 마 6:19-21

땅에 보물을 쌓는 것은 이 세상을 구하는 삶이고 그 특징이 염려와 비판입니다. 주님은 염려와 비판을 이기는 기도를 하라고 강하게 명령하셨으며, 기도하는 사람은 대접하며 살아야 한다고 하셨습니다. 즉 주님은 하나님 나라와 의를 구하는 기도를 하는 사람은 하늘에 보물을 쌓는 자로서 염려하고 비판하는 삶을 살지 않고 대접하는 삶을 살게 된다고 가르쳐 주신 것입니다.

열매를 통해 나무를 아는 것처럼, 우리는 삶의 모습을 통해 바르게 기도하고 있는지를 알 수 있습니다. 성령의 열매가 나타나면 성령을 따라 행하고 있는 것이고, 육체의 일이 나타나면 육체의 소욕을 따르고 있는 것입니다. 주기도문으로 기도하는 우리는 이처럼 자기 삶의 모습을 점검함으로써 항상 바른 기도를 하고 하나님 나라와 의를 구하는 자의 삶을 살게 됩니다.

예수님이 기도하는 사람의 삶에 비중을 두고 가르치셨기에 좀 더 자세히 살펴보겠습니다. 먼저 이 가르침의 중요 구절들은 다음과 같습니다. 중요 단어는 '염려', '비판', '기도', '대접'입니다.

그러므로 염려하여 이르기를 무엇을 먹을까 무엇을 마실까 무엇을 입을까 하지 말라 이는 다 이방인들이 구하는 것이라 너희 하늘 아버지께서 이 모든 것이 너희에게 있어야 할 줄을 아시느니라 그런즉 너희는 먼저 그의 나라와 그의 의를 구하라 그리하면 이 모든 것을 너희에게 더하시리라 | 마 6:31-33

비판을 받지 아니하려거든 비판하지 말라 너희가 비판하는 그 비판으로 너희가 비판을 받을 것이요 너희가 헤아리는 그 헤아림으로 너희가 헤아림을 받을 것이니라 어찌하여 형제의 눈 속에 있는 티는 보고 네 눈 속에 있는 들보는 깨닫지 못하느냐
| 마 7:1-3

구하라 그리하면 너희에게 주실 것이요 찾으라 그리하면 찾아낼 것이요 문을 두드리라 그리하면 너희에게 열릴 것이니 구하는 이마다 받을 것이요 찾는 이는 찾아낼 것이요 두드리는 이에게는 열릴 것이니라 | 마 7:7-8

너희가 악한 자라도 좋은 것으로 자식에게 줄 줄 알거든 하물며 하늘에 계신 너희 아버지께서 구하는 자에게 좋은 것으로 주시지 않겠느냐 | 마 7:11

그러므로 무엇이든지 남에게 대접을 받고자 하는 대로 너희도 남을 대접하라 이것이 율법이요 선지자니라 | 마 7:12

이 말씀에서 예수님이 가르치신 내용은 무엇입니까? 주님은 "염려하지 말고 기도하라" 하시고 "비판하지 말고 기도하라"고 기도를 강하게 명령하셨습니다. 또한 우리의 기도를 들으시는 하나님 아버지는 구하는 자녀들에게 좋은 것으로 응답해 주시는 하늘 아버지라고 깨우쳐 주시고, 기도하는 사람은 대접하는 삶을 살아야 한다고 하셨습니다. 이 말씀에 의

하면, 가장 하나님의 자녀답지 못한 모습은 염려하는 것과 비판하는 것입니다.

출애굽 광야 1세대 백성들은 애굽의 노예 생활에서 구원받고 광야를 지나 하나님이 약속하신 젖과 꿀이 흐르는 땅으로 들어가서 하나님의 제사장 나라로 살도록 되어 있었습니다. 그런데 광야를 지나는 동안 그들은 일만 생기면 불평과 원망만 하다가 멸망하고 말았습니다. 사실 광야 생활은 하나님의 백성이 매일 말씀을 먹고 말씀대로 사는 훈련과 연습을 하는 기간이었습니다. 그래서 하나님이 그 훈련을 위해 만나를 주신 것입니다.

네 하나님 여호와께서 이 사십 년 동안에 네게 광야 길을 걷게 하신 것을 기억하라 이는 너를 낮추시며 너를 시험하사 네 마음이 어떠한지 그 명령을 지키는지 지키지 않는지 알려 하심이라 너를 낮추시며 너를 주리게 하시며 또 너도 알지 못하며 네 조상들도 알지 못하던 만나를 네게 먹이신 것은 사람이 떡으로만 사는 것이 아니요 여호와의 입에서 나오는 모든 말씀으로 사는 줄을 네가 알게 하려 하심이니라 | 신 8:2-3

그런데 출애굽 광야 1세대 백성들은 말씀대로 사는 연습대신 불평하고 원망하는 연습만 계속했습니다. 그래서 약속의 땅에 들어가지 못했고 제사장 나라의 사명도 감당하지 못했습니다.

신약 시대 하나님의 자녀인 우리도 마찬가지 모습일 수 있습니다. 하나님은 자녀인 우리가 구하기만 하면 가장 좋은 것으로 주시는 아버지이십니다. 그런데 문제가 생기면 염려하고, 일이 생기면 남들을 비판하니, 불평과 원망만 하다가 망한 구약의 백성들처럼 망하는 인생이 되는 것입니다. 가장 하나님의 백성답지 못한 모습이 불평과 원망이라면, 가장 하나님의 자녀답지 못한 모습은 염려와 비판입니다. 이것은 이방인처럼 이 세상을 구하고 살 때 나타나는 모습입니다.

예수님이 가르쳐 주신 기도에 의하면, 우리는 기도로 염려와 비판을 이겨야 합니다. 그러므로 주님은 우리에게 염려와 비판을 하지 말고 기도하라고 명령하신 것입니다. 그런데 우리는 기도는 하지만 염려하고 비판합니다. 그래서 기도가 힘이 없습니다. 기도가 염려와 비판을 이기게 하는데, 오히려 염려로 기도하고 비판하면서 기도합니다. 그럼으로써 염려와 비판에 매여 살고 있는 것입니다.

염려를 이기는 삶은 이방인처럼 세상 염려를 기도하지 않고 하나님의 자녀답게 하나님 나라와 의를 구하는 기도를 할 때 이루어지는 하나님 자녀의 삶입니다. 예수님은 바로 그 기도의 삶을 우리에게 가르쳐 주십니다. 주님은 우리가 세상 살이에 대해 염려하는 이유는 하나님 나라와 의를 먼저 구하지 않고 이 세상을 구하며 살기 때문이라고 말씀하셨습니다.

우리는 염려가 생길 때마다 우리의 시선을 이 세상 나라에서 하나님 나라로 돌려 바꾸라는 사인으로 받고, 먼저 하나님 나라와 의를 구하며 살아야 합니다. 그리할 때 주님이 우리의 모든 것을 더해 주실 것입니다. 염려를 이기는 길은 먼저 하나님 나라와 의를 구하는 것입니다.

> 그러므로 염려하여 이르기를 무엇을 먹을까 무엇을 마실까 무엇을 입을까 하지 말라 이는 다 이방인들이 구하는 것이라 너희 하늘 아버지께서 이 모든 것이 너희에게 있어야 할 줄을 아시느니라 그런즉 너희는 먼저 그의 나라와 그의 의를 구하라 그리하면 이 모든 것을 너희에게 더하시리라 | 마 6:31-33

염려를 기도하기보다는 감사 기도를 할 때 우리는 염려를 이기는 기도를 하게 됩니다.

> 아무것도 염려하지 말고 다만 모든 일에 기도와 간구로, 너희 구할 것을 감사함으로 하나님께 아뢰라 그리하면 모든 지각에 뛰어난 하나님의 평강이 그리스도 예수 안에서 너희 마음과 생

우리는 종종 기도를 하면서도 삶의 자리로 돌아오면 비판의 말을 하곤 합니다. 비판의 말을 버리지 않으면서 기도하는, 즉 비판에 매여 사는 모습을 보입니다.

따라서 우리는 비판의 말을 버리고 기도하는 동시에, 우리의 이웃을 비판하고 이간하는 마귀가 있음을 알고 대적해야 합니다. 우리가 서로 비방하고 참소하도록 하고 공동체를 해치는 마귀가 있음을 알고 기도로 대적해야 합니다. 이기는 기도는 또한 대적하는 기도입니다.

그런즉 너희는 하나님께 복종할지어다 마귀를 대적하라 그리하면 너희를 피하리라 | 약 4:7

이기는 기도는 우리를 대접하는 기도와 대접하는 삶으로 이끌어 줍니다. 주님은 기도를 통해 정말 하나님과 만난 사람이라면 남을 대접하는 삶을 살게 된다고 말씀하십니다. 또한 대접하는 삶이야말로 성경 전체를 통해 하나님이 우리에게 주시는 그분의 뜻이라고 말씀해 주셨습니다.

우리는 기도할 때마다 하나님이 우리를 사랑하는 자녀로 대접해 주심을 알게 됩니다. 그래서 하나님께 받은 대접으로 남을 대접하며 사는 것이 기도하는 사람의 삶입니다.

대접하는 삶을 사느냐, 아니냐를 통해 우리가 정말 하나님과 만나고 대화하는 바른 기도를 하는 사람인지, 아니면 단지 종교적인 기도를 하는 사람인지를 알게 됩니다. 예수님은 기도하는 사람들이 대접하는 삶을 살 때 기도를 제대로 하는 것이라고 가르쳐 주십니다.

우리는 염려하지 않고 먼저 하나님 나라와 의를 구함으로 하나님을 대접하고, 이웃을 비판하지 않고 기도함으로 대접하고, 받은 말씀을 전함으로 또 그들을 대접합니다. 이렇게 주위 이웃을 위해 기도하여 받은 말씀을 전할 때 예언이 됩니다. 그리고 비판하는 말이 변하여 세워 주는 말을 하게 됨으로써 우리는 장성한 자로 성장해 갑니다. 이렇게 하는 것을 가리켜 성경은 사랑하는 것이라고 말합니다. 하나님을 대접해 드림으로 하나님을 사랑하고, 이웃을 대접함으로 이웃을 사랑하는 것입니다.

예수께서 이르시되 네 마음을 다하고 목숨을 다하고 뜻을 다하여 주 너의 하나님을 사랑하라 하셨으니 이것이 크고 첫째 되는 계명이요 둘째도 그와 같으니 네 이웃을 네 자신같이 사랑하라 하셨으니 이 두 계명이 온 율법과 선지자의 강령이니라
| 마 22:37-40

내가 어린아이였을 때는 어린아이같이 말하고 어린아이같이 이해하고 어린아이같이 생각했습니다. 그러나 어른이 돼서는 어린아이의 일들을 버렸습니다 | 고전 13:11, 우리말성경

예언하는 사람은 사람들을 세워 주고 격려와 위로의 말을 합니다 | 고전 14:3, 우리말성경

이 세상도, 그 정욕도 지나가되 오직 하나님의 뜻을 행하는 자는 영원히 거하느니라 | 요일 2:17

제대로 기도하는 사람은 세상 풍파를 이긴다

　　예수님은 기도를 가르쳐 주신 후 반석 위에 집을 지은 사람과 모래 위에 집을 지은 사람의 비유로 모든 말씀의 결론을 맺으십니다.

> 　그러므로 누구든지 나의 이 말을 듣고 행하는 자는 그 집을 반석 위에 지은 지혜로운 사람 같으리니 비가 내리고 창수가 나고 바람이 불어 그 집에 부딪치되 무너지지 아니하나니 이는 주추를 반석 위에 놓은 까닭이요 나의 이 말을 듣고 행하지 아니하는 자는 그 집을 모래 위에 지은 어리석은 사람 같으리니 비가 내리고 창수가 나고 바람이 불어 그 집에 부딪치매 무너져 그 무너짐이 심하니라 | 마 7:24-27

　　주님의 산상설교 말씀과 기도의 가르침을 듣고 행하는 사람은 반석 위에 집을 지은 지혜로운 사람이요, 듣고도 행하지 않는 사람은 모래 위에 집을 지은 어리석은 사람입니다. 우리도 "이렇게 기도하라"고 하신 가르침을 주님의 말씀을 통해 들었습니다. 주기도문으로 기도하면 지혜로운 사람이지만, 기도의 가르침을 듣고도 주기도문으로 기도하지 않으면 어리석은 사람이 됩니다. 이것이 예수님이 가르쳐 주신 기도의 결론입니다.

이 결론을 가르치는 자의 입장과 배우는 자의 입장에서 생각해 볼 수 있습니다.

첫째, 가르치는 자의 입장에서 생각해 봅니다. 주기도문을 설교하고 강의하면서, 또는 자녀에게 "이렇게 기도하라"고 권면하면서 자신이 먼저 이렇게 기도하고 있다면 지혜로운 사람이지만, 자신이 이렇게 기도하고 있지 않다면 어리석은 사람입니다.

마치 예수님께 책망을 들은 서기관들과 같습니다. 그들은 말만 하고 행하지 않았으며, 예수님의 강한 책망을 받았습니다. 우리도 "이렇게 기도하라"며 주기도문을 말하면서 정작 예수님이 가르쳐 주신 대로 기도하지 않으면 예수님께 책망을 받게 될 것입니다. 무엇보다 말씀은 가르치지만 정작 본인은 안타깝게도 그 말씀의 은혜를 맛보지 못하는 어리석은 사람이 되는 것입니다.

둘째, 배우는 자의 입장에서 생각해 봅니다. "이렇게 기도하라"는 가르침을 듣고 기도하면 지혜로운 사람이지만, 가르침을 듣기만 하고 기도하지 않으면 어리석은 사람이 되는 것입니다.

예수님은 서기관들의 행위는 본받지 말아야 하지만 그

들이 전해 준 말씀은 행해야 한다고 하셨습니다. 그래야 말씀을 행함으로 얻는 복된 삶을 살 수 있기 때문입니다. 이들이 반석 위에 집을 지은 지혜로운 사람들입니다.

> 서기관들과 바리새인들이 모세의 자리에 앉았으니 그러므로 무엇이든지 그들이 말하는 바는 행하고 지키되 그들이 하는 행위는 본받지 말라 | 마 23:2-3

주기도문으로 기도하는 사람의 삶을 정리해 봅니다. 그는 용서하며 시험을 이기는 삶을 삽니다. 세상 염려를 이기고 하나님 나라와 의를 구하며 삽니다. 우리 기도의 대부분은 세상 염려와 문제를 해결하는 데 집중되기가 쉽습니다. 그런데 주님이 "이렇게 기도하라"면서 가르쳐 주신 주기도문으로 기도하면 용서받고 용서하면서 살고, 염려와 비판을 이기고, 하나님 나라와 의를 구하게 됩니다.

주기도문으로 기도하는 사람은 염려하는 대신 하나님께 기도해 좋은 것으로 응답받으므로 하나님을 우리를 사랑하시는 아버지로 대접해 드리고, 이웃을 비판하는 대신 용서로 대접하며 살게 됩니다. 이것이 성경 전체 내용인 하나님 사랑, 이웃 사랑입니다. 이런 기도자의 삶을 통해 이 세상에 하나님 나라가 임합니다.

주기도문으로 기도하는 사람은 보물을 하늘에 쌓으며 삽니다. 하나님 나라와 의를 구하는 기도를 하며 살기 때문입니다. 그리고 그들은 반석 위에 집을 지은 지혜로운 사람들입니다. 세상 풍파가 닥쳐도 결코 무너지지 않습니다.

이러므로 그들의 열매로 그들을 알리라 | 마 7:20

영혼 없는 몸이 죽은 것같이 행함이 없는 믿음은 죽은 것이니라 | 약 2:26

다니엘은 사자 굴에 들어갈 위기 앞에서도 늘 하던 대로 매일 세 번 기도를 함으로 위기를 극복하고 승리하는 삶을 살았습니다. 세상 풍파에 무너지지 않는 지혜로운 삶을 살았습니다.

우리도 다니엘처럼 하루 세 번씩 매일 주기도문으로 기도하면 하나님의 자녀로서 이 세상을 이기며 하나님 나라와 의를 구하며 살게 될 것입니다.

'하루 세 번'은 아침 9시, 낮 12시, 오후 3시를 가리킵니다. 사도행전을 보면, 초대교회 사도들과 성도들도 하루 세 번 기도했음을 발견할 수 있습니다.

오후 3시 기도 시간에 베드로와 요한이 성전으로 올라가고 있었습니다 | 행 3:1, 우리말성경

고넬료는 가난한 사람들에게 아낌없이 나눠 주었고 항상 하나님께 기도했습니다. 어느 날 오후 3시쯤 고넬료가 환상을 보았습니다. 하나님의 천사를 분명히 본 것입니다. 천사가 그에게 와서 "고넬료야!"라고 부르는 것이었습니다

| 행 10:2-3, 우리말성경

이튿날 낮 12시쯤, 고넬료가 보낸 사람들이 욥바 근처에 이르렀을 때에, 베드로는 기도하러 지붕으로 올라가 있었습니다. … 고넬료가 말했습니다. "사 일 전 이맘때쯤, 그러니까 오후 3시쯤에 집에서 기도하고 있는데, 갑자기 눈부신 옷을 입은 사람이 제 앞에 서 계셨습니다" | 행 10:9, 30, 쉬운성경

"

여러분은 위선자처럼 기도하지 말고

주께서 그의 복음서에서 명하신 대로

이렇게 기도하십시오.

하늘에 계신 우리 아버지여

이름이 거룩히 여김을 받으시오며

나라가 임하시오며

뜻이 하늘에서 이루어진 것같이

땅에서도 이루어지이다

오늘 우리에게

일용할 양식을 주시옵고

우리가 우리에게 죄지은 자를

사하여 준 것같이

우리 죄를 사하여 주시옵고

우리를 시험에 들게 하지 마시옵고

다만 악에서 구하시옵소서

(대개) 나라와 권세와 영광이 아버지께

영원히 있사옵나이다 아멘

여러분은 하루에 세 번

이렇게 기도하십시오.

"

<디다케: 열두 사도들의 가르침> 중에서

* '디다케'는 초기기독교회 문서로
열두 사도들을 통해 이방인에게
전해진 주님의 가르침입니다.

2.

주기도문으로 기도하며 깨달은 사실

예수님이 "이렇게 기도하라" 하면서 가르쳐 주신 주기도
문으로 실제 기도하면서 많은 영적 유익을 얻었습니다. 동시
에 주기도문으로 기도하면서 실제 기도해 보아야만 깨달을
수 있는 귀한 사실도 있었습니다. 제가 주기도문으로 기도하
지 않았으면 알지 못했을 몇 가지 사실을 나누어 보겠습니다.

주기도문에서 가장 중요한 기도는
일용할 양식을 구하는 것임을 깨달았다

주기도문에는 청원이 여섯 가지 있습니다. "이름이 거룩히 여김을 받으시오며", "나라가 임하시오며", "뜻이 하늘에서 이루어진 것같이 땅에서도 이루어지이다", "일용할 양식을 주시옵고", "우리 죄를 사하여 주시옵고", "시험에 들게 하지 마시옵고 다만 악에서 구하시옵소서"입니다. 이를 '여섯 가지 청원'이라 부릅니다.

저는 주기도문에서 가장 중요한 청원이 "나라가 임하시오며"와 "뜻이 하늘에서 이루어진 것같이 땅에서도 이루어지이다"라고 생각했습니다. 왜냐하면 예수님이 주기도문을 가르쳐 주실 때 하나님 나라와 의를 구하는 기도라고 말씀하셨기 때문입니다.

그런데 주기도문으로 실제 기도하면서부터 저에게는 가장 중요한 청원이 "일용할 양식을 주시옵고"가 되었습니다. 주기도문은 하나님 나라와 의를 구하는 기도인데, 하나님의 입에서 나오는 말씀인 일용할 양식을 받아야 하나님 나라와 의를 구하며 살 수 있기 때문입니다.

이처럼 주기도문에서 일용할 양식을 구하는 것을 중심

으로 보면, 앞부분은 일용할 양식을 받는 목적과 일용할 양식을 받기 위한 준비라 볼 수 있고, 뒷부분은 일용할 양식으로 받은 말씀대로 잘 살아 하나님 나라와 의를 이룰 수 있도록 하는 기도라고 볼 수 있습니다.

누구나 주기도문으로 기도하면서 살면 저와 같이 일용할 양식을 구하는 기도가 가장 중요하게 여겨지리라 생각합니다. 우리는 하나님의 말씀을 받아야 하나님 나라와 의를 구하며 살 수 있기 때문입니다. 그래서인지 주기도문으로 진정한 기도를 하기 시작하면 하나님의 입에서 나오는 말씀(음성)을 잘 듣게 됩니다. 주기도문으로 말씀을 들을 준비를 잘하고, 또 말씀에 귀 기울이게 되니 잘 듣게 되는 것이라 생각합니다.

하나님은 하나님 나라와 의를 구하는 주기도문으로 기도하며 나오는 자녀들에게 늘 말씀을 주셔서 하나님 나라와 의를 이루며 살도록 하십니다. 그리고 이들을 통해 이 세상에 하나님 나라가 임하게 하시며 하나님의 의를 이루어 가십니다.

너희가 어찌하여 양식이 아닌 것을 위하여 은을 달아 주며 배부르게 하지 못할 것을 위하여 수고하느냐 내게 듣고 들을지어다 그리하면 너희가 좋은 것을 먹을 것이며 너희 자신들이 기름진 것으로 즐거움을 얻으리라 너희는 귀를 기울이고 내게로

나아와 들으라 그리하면 너희의 영혼이 살리라 내가 너희를 위

하여 영원한 언약을 맺으리니 곧 다윗에게 허락한 확실한 은혜

이니라 | 사 55:2-3

내 양은 내 음성을 들으며 나는 그들을 알며 그들은 나를 따르

느니라 | 요 10:27

예수님의 가르침과 권위를 깨달았다

사람들과 함께 주기도문 기도를 할 때 대부분의 사람들이 기도에 대한 도전과 격려를 받았습니다. 함께 기도한 대부분의 목회자들은 교회 성도들에게 빨리 가르쳐 주어야겠다고 말하고, 부모들은 자녀에게 가르쳐 주어 기도하는 다니엘 같은 자녀가 되었으면 한다고 말했습니다. 그때 제가 꼭 하는 말이 있습니다.

"먼저 자신이 주기도문으로 하루 세 번 기도하여 그 기도가 생활화되었을 때 성도들이나 자녀들에게 가르치십시오."

주기도문으로 하루 세 번 기도하는 것이 생활화된 목회자나 부모라면 성도나 자녀들에게 하루 세 번 기도하라고 가르치기 전에 이미 기도하는 삶의 강력한 영향력이 그들의 삶에 미치고 있을 것입니다. 이렇게 목회나 부모가 기도의 생활화를 이루었을 때 자연스럽게 성도들이나 자녀들을 제대로 기도하는 삶으로 이끌 수 있다는 사실을 깨달았습니다. 이것이 바로 예수님의 삶의 모습이었고 그분의 가르침의 권위였음을 알게 되었습니다.

예수님의 설교와 가르침을 들은 무리는 놀라운 반응을 보였습니다. 당시 성경을 가르쳤던 서기관들과 달리 예수님께는 권위가 있었기 때문이라고 성경은 설명합니다. 그 가르침의 권위가 어디에서 나오는지는 주님의 말씀에서 쉽게 찾을 수 있습니다.

> 예수께서 이 말씀을 마치시매 무리들이 그의 가르치심에 놀라니 이는 그 가르치시는 것이 권위 있는 자와 같고 그들의 서기관들과 같지 아니함일러라 | 마 7:28-29

> 예수께서 말씀을 마치시자, 무리에게서 박수가 터져 나왔다. 그들은 한 번도 이런 가르침을 들어 본 적이 없었다. 예수께서 자기가 말한 그대로 살고 있음이 분명했는데, 이는 그들의 종교 교사들과는 아주 대조적이었다! 이것이야말로 그들이 여태까지 들어 본 것 중 최고의 가르침이었다
> | 마 7:28-29, 메시지성경

예수님은 바리새인들과 서기관들이 말만 하고 행하지 않는 사람들이라고 말씀하셨습니다.

> 서기관들과 바리새인들이 모세의 자리에 앉았으니 그러므로 무엇이든지 그들이 말하는 바는 행하고 지키되 그들이 하는 행위는 본받지 말라 그들은 말만 하고 행하지 아니하며
> | 마 23:2-3

그들은 해박한 성경 지식을 가지고 있었고 그 지식으로 사람들을 가르쳤지만 말만 할 뿐 행하지 않기 때문에 권위가 없었습니다. 우리도 해박한 성경 지식이 있을지라도 행하지 않고 가르치기만 하는 사람들의 권위 없음을 눈치챌 수 있습니다. 이런 가르침은 사람들에게 영향을 끼칠 수도, 생명을 줄 수도 없습니다.

예수님은 다음과 같은 경고의 말씀도 해 주셨습니다.

그러므로 누구든지 이 계명 중의 지극히 작은 것 하나라도 버리고 또 그같이 사람을 가르치는 자는 천국에서 지극히 작다 일컬음을 받을 것이요 누구든지 이를 행하며 가르치는 자는 천국에서 크다 일컬음을 받으리라 내가 너희에게 이르노니 너희 의가 서기관과 바리새인보다 더 낫지 못하면 결코 천국에 들어가지 못하리라 | 마 5:19-20

말만 하고 행하지 않는 사람들, 행하지 않으면서 가르치는 자들은 권위가 없을 뿐만 아니라 아예 천국에 들어가지 못할 것이라는 경고의 말씀입니다.

주님은 제가 말씀 사역을 시작할 때 이 말씀을 주셔서 지극히 작은 것 하나라도 버리지 않고 행하며 가르치라고 깨우치셨습니다. 그때부터 저는 제가 행하고 있는 것만 가르치려고 했습니다. 행하지 않은 것은 설교하지도, 가르치지도 않으려고 했습니다. 어떤 내용은 가르치기 위해 먼저 실천해 보기도 했습니다. 그랬더니 제가 먼저 그 말씀에서 저를 그렇게 살게 하는 생명과 힘을 얻게 되었고, 말씀을 전할 때 육으로 전하지 않고 생명으로, 삶으로 전하는 것이 무엇인지 알 수 있게 되었습니다.

사실 제가 말씀을 지키려고 애썼다기보다는 하나님이 하신 일입니다. 하나님은 제가 말씀을 바르게 가르치게 하시려고 그 말씀을 먼저 저에게 경험시켜 주셨습니다.

> 살리는 것은 영이니 육은 무익하니라 내가 너희에게 이른 말은 영이요 생명이라 | 요 6:63

> 에스라가 여호와의 율법을 연구하여 준행하며 율례와 규례를 이스라엘에게 가르치기로 결심하였었더라 | 스 7:10

예수님의 말씀은 이러한데, 어떤 사람들은 계속 성경을 가르치기만 하면 사람들이 성장하거나 변화할 것이라고 착각하는 듯합니다. 행하지 않으면서 가르치는 것과 가르침을 받아도 행하지 않는 것이 우리의 믿음을 연약하게 만드는 원인이라고 생각합니다.

말씀 사역자들이 행하지 않고 가르치면 권위 없는 가르침이 됩니다. 성도들도 많은 설교를 듣고 성경 공부로 지식은 많지만 듣고 배운 말씀을 행하지 않으면 연약한 믿음이 됩니다. 그리고 결국에는 천국에도 들어가지 못하는 사람들임이 드러나게 됩니다. 이러한 주님의 말씀은 우리를 향한 경고의 말씀이기도 합니다. 주님은 잘 가르쳐서가 아니라 먼저 자신부터 지극히 작은 것 하나라도 제대로 행하고 나서 가르치는 자가 되어야 한다고 하셨습니다.

진리의 말씀을 행하지 않고 가르치면 자기 자신도 변화시키지 못하는 외식이 됩니다. 실제 지켜서 그 말씀을 경험하지 않으면 실상은 그 말씀을 모르는 채 가르치는 것입니다. 영어를 말할 줄 모르는 영어 교사가 영어를 가르친다고 생각해 보십시오. 십수 년간 영어를 배웠지만 문법만 알 뿐 영어로 말 한마디 제대로 못하는 영어 교육 현장이 떠오르지 않습니까? 우리 신앙 교육에서도 동일하게 나타나는 현상이 아닌가 싶습니다.

주님은 이처럼 말씀 사역자나 성도들이 모두 말씀대로 행하지 않기 때문에 세상에서 맛 잃은 소금이 되어 사람들의 발에 밟히게 되는 것이라고 깨우쳐 주셨습니다.

> 너희는 세상의 소금이니 소금이 만일 그 맛을 잃으면 무엇으로
> 짜게 하리요 후에는 아무 쓸데없어 다만 밖에 버려져 사람에게
> 밟힐 뿐이니라 | 마 5:13

그러므로 교회의 문제와 믿음이 연약한 문제에 관한 해결은 행하면서 가르치는 것과 가르침을 받은 대로 행하는 것임을 다시금 깨닫습니다. 그리고 정말 믿음으로 말씀을 받으면 그 말씀이 우리를 말씀대로 행하며 살도록 이끌어 주고, 하나님이 이처럼 말씀을 지키는 사람들과 함께하셔서 그 말씀을 이루며 살도록 도와주십니다.

예수님이 "이렇게 기도하라"고 하시면서 가르쳐 주신 주기도문의 가르침도 똑같습니다. 주기도문으로 기도를 가르칠 때도 이와 같이 행하면서 가르치는 자가 되어야 한다는 사실을 주님은 강하게 깨우쳐 주십니다. 즉 주님이 실제로 기도하라고 하신 대로 기도하면서 가르치는 자가 되어야 하는 것입니다.

진리는 말이 아니라 삶으로 가르쳐지고 전수되는 것임을 깨닫습니다. 성경의 모든 말씀은 말이 아니라 우리의 삶으로 가르쳐야 하는 진짜 진리입니다. 이것이 제가 주기도문으로 실제 기도하고 기도의 삶을 살게 되면서, 그리고 주기도문 기도를 가르치면서 깨달은 권위 있는 가르침의 비결입니다.

주기도문 기도가 기도자를 지켜 주고
하나님의 사람으로 온전케 함을 깨달았다

유대인들이 안식일을 지켰지만 사실은 안식일이 유대인들을 지켜 주었다는 말이 있습니다. 이런 의미에서 다니엘은 하루 세 번의 기도 시간을 지켰는데, 실상은 하루 세 번의 기도가 다니엘을 지켜 주었다고 할 수 있습니다. 다니엘은 늘 하던 대로 하루 세 번의 기도로 위기를 감사로 넘길 수 있었고(단 6:10), 이 기도 덕분에 하나님의 사람으로 살 수 있었으며, 이 기도를 통해 주신 하나님의 계시로 종말까지 바라보면서 하나님 나라에 쓰임 받는 삶을 살게 되었습니다.

저도 마찬가지입니다. 제가 하루 세 번 주기도문으로 기도하는 시간을 지켰다기보다 하루 세 번의 기도가 저를 지키고 키워 주고 있다는 것을 주기도문으로 기도하면서 깨닫게 됩니다. 주님이 친히 가르쳐 주신 온전한 기도문으로 기도하다 보니 점점 온전한 하나님의 사람이 되어 가고 있습니다.

예수께서 대답하여 이르시되 기록되었으되 사람이 떡으로만 살 것이 아니요 하나님의 입으로부터 나오는 모든 말씀으로 살 것이라 하였느니라 하시니 | 마 4:4

모든 성경은 하나님의 감동으로 된 것으로 교훈과 책망과 바르게 함과 의로 교육하기에 유익하니 이는 하나님의 사람으로 온전케 하며 모든 선한 일을 행하기에 온전케 하려 함이니라

| 딤후 3:16-17, 개역한글

주기도문으로 하루 세 번 기도할 때
영적 전쟁에서 승리할 수 있음을 깨달았다

세상에는 수많은 종교가 있습니다. 이들 종교에도 기도가 있습니다. 하루 세 번 기도하는 종교, 하루에 다섯 번 기도하는 종교도 있습니다. 심지어 하루 종일 주문을 외우며 기도하는 종교인들도 많습니다. 한 달 내내 금식하며 기도한다든지 백일기도, 천일기도, 고행기도 등 수많은 형태의 기도가 이들 종교에 있습니다. 그들은 종교적인 기도를 하고 있지만 기도하는 만큼 영에 묶이고 영적인 능력이 생기게 됩니다. 그래서 우리가 그들보다 더 뛰어난 기도를 하지 않으면 우리 그리스도인들은 타 종교인들의 영혼을 구원할 수 있는 능력을 소유하지 못하게 됩니다. 그런데 안타깝게도, 오늘날 그리스도인들은 타 종교인들보다 적게, 게다가 이방인과 같은 수준의 기도를 하고 있는 것 같습니다.

우리는 문제가 있을 때만 기도하는 안일함에서 벗어나 규칙적인 기도 시간을 가져야 합니다. 종교적인 기도가 아니라 주님이 가르쳐 주신 대로 하나님과 친밀한 관계와 교제 가운데 기도한다면, 우리는 강력한 악한 영을 결박하고 묶여 있는 영혼들을 구원해 내는 주님의 증인 된 삶을 살게 될 것입니다. 그리고 기도로 영적 전쟁에서 이길 때 풍성한 삶을 살게 됩니다. 이 모든 것이 영적 전쟁의 전리품입니다.

> 사람이 먼저 강한 자를 결박하지 않고서야 어떻게 그 강한 자의 집에 들어가 그 세간을 강탈하겠느냐 결박한 후에야 그 집을 강탈하리라 | 마 12:29

> 이르시되 기도 외에 다른 것으로는 이런 종류가 나갈 수 없느니라 하시니라 | 막 9:29

성경은 기도를 강력하게 명령하고, 예수님도 기도할 것을 강하게 명령하셨습니다. 예수님은 이 세상에 계실 때 습관을 따라 기도하셨고 제자들에게 시험을 이기는 기도를 할 것을 명령하셨습니다(눅 22:39-40). 우리가 하루 세 번 주기도문 기도를 하면 예수님처럼 기도하는 습관을 갖게 되고 기도가 생활화될 것입니다. 그리고 주님의 기도 명령을 실행할 수 있으며 영적 전쟁에서도 승리할 수 있습니다.

우리는 하루 세 번 주기도문으로 기도하기를 통해 다니엘이나 초대교회 사도들 및 성도들처럼 이 세상을 이기고 악한 영에 묶여 있는 사람들의 영혼을 구원해 낼 수 있습니다. 주기도문 기도야말로 영적 전쟁에서 승리하는 최선의 방법입니다.

　모든 기도와 간구로 항상 성령 안에서 기도하고 늘 깨어서 기도하는 것은 하루 세 번 주기도문 기도로 가능합니다. 마귀를 대적하는 최고의 방법도 주기도문으로 기도하는 것임을 매일 주기도문 기도를 하며 깨달았습니다. 시험에 들지 않도록 깨어 기도하라는 말씀도 주기도문 기도로 지킬 수 있습니다. 하루 세 번 주기도문 기도로 항상 기도하며 깨어 있으면 영적 공격에 바르게 대처할 수 있습니다.

마귀의 계략에 대적해 설 수 있도록 하나님의 전신 갑주를 입으십시오. 우리의 싸움은 혈과 육에 대한 것이 아니라 권력들과 권세들과 이 어둠의 세상 주관자들과 하늘에 있는 악한 영들에 대한 것이기 때문입니다. 그러므로 하나님의 전신 갑주를 입으십시오. 이는 여러분이 악한 날에 능히 대적하고 모든 것을 행한 후에 굳건히 서기 위한 것입니다. ⋯ 모든 기도와 간구로 항상 성령 안에서 기도하고 이를 위해 늘 깨어서 모든 일에 인내하며 성도를 위해 간구하십시오. 또 나를 위해 기도하기를 내게 말씀을 주셔서 입을 열어 복음의 비밀을 담대하게 알릴 수 있게 해 달라고 기도해 주십시오

| 엡 6:11-13, 18-19, 우리말성경

이러므로 너희는 장차 올 이 모든 일을 능히 피하고 인자 앞에

서도록 항상 기도하며 깨어 있으라 하시니라 | 눅 21:36

내가 천국 열쇠를 네게 주리니 네가 땅에서 무엇이든지 매면
하늘에서도 매일 것이요 네가 땅에서 무엇이든지 풀면 하늘에
서도 풀리리라 하시고 | 마 16:19

예수께서 나가사 습관을 좇아 감람산에 가시매 제자들도 좇았
더니 그곳에 이르러 저희에게 이르시되 시험에 들지 않기를 기
도하라 하시고 | 눅 22:39-40, 개역한글

"악에서 구하시옵소서"(마 6:13)라는 구절에서 '악'을 영어
성경(NIV)은 'evil one'으로 표현합니다. 나의 악한 성향, 주위
악한 사람들, 하늘의 악한 영들, 공중 권세 잡은 자인 마귀로
부터 구함 받기를 기도해야 한다는 것입니다.

죄를 짓는 자는 마귀에게 속하나니 마귀는 처음부터 범죄함이
라 하나님의 아들이 나타나신 것은 마귀의 일을 멸하려 하심이
라 | 요일 3:8

주기도문으로 기도할수록 주님의 가르침은
온전하고 완벽하다는 것을 깨달았다

이것은 실제 주기도문으로 기도하지 않았다면 결코 알 수 없었을 귀하고 소중한 경험임을 다시금 깊이 느낍니다. 마치 밭에 감추인 보화를 발견한 농부의 마음과 같습니다.

주님은 본받지 말아야 하는 기도가 있다는 것부터 알려 주셨습니다. 본받지 말라 하신 기도는 우리가 자연스럽게 하게 되는 기도입니다. 그러므로 따르지 말아야 하는 기도를 알고 기도하는 것과 모르는 상태에서 기도하는 것은 우리의 신앙생활에 너무나 다른 결과를 가져다줍니다.

예수님이 가르쳐 주신 기도를 통해서 우리는 하나님과의 관계를 바르게 하고, 기도의 방향과 순서와 내용이 온전한 기도가 무엇인지 알 수 있습니다.

예수님은 기도하는 사람들의 삶에 대해서도 가르쳐 주셨습니다. 이로써 우리는 바르게 기도하고 있는지를 점검할 수 있고, 삶이 잘못되었다면 바른 기도로 돌이킬 수 있습니다. 이미 살펴본 대로 삶에서 점검해야 하는 내용은 용서와 염려와 비판과 대접입니다. 결국 기도자의 삶은 대접하는 삶이며, 이것은 하나님을 사랑하고 이웃을 사랑하는 삶으로 나타납니다. 이로써 모든 말씀을 이루며 살게 됩니다.

그러므로 무엇이든지 남에게 대접을 받고자 하는 대로 너희도 남을 대접하라 이것이 율법이요 선지자니라 | 마 7:12

예수께서 이르시되 네 마음을 다하고 목숨을 다하고 뜻을 다하여 주 너의 하나님을 사랑하라 하셨으니 이것이 크고 첫째 되는 계명이요 둘째도 그와 같으니 네 이웃을 네 자신같이 사랑하라 하셨으니 이 두 계명이 온 율법과 선지자의 강령이니라 | 마 22:37-40

말은 말로써 배워야 하듯 기도는
기도로 배울 수 있다는 사실을 깨달았다

아기가 엄마의 품속에서 말을 배우듯, 우리는 하나님의 품속에서 기도를 배워야 합니다. 그러므로 주기도문을 연구하고 완벽하게 이해하는 것보다 실제로 주기도문으로 기도하는 것이 더 중요합니다. 말을 배우듯 하나님과 대화하면서 기도를 배우기 때문입니다.

우리는 기도를 가리켜 하나님과 대화하는 것이라고 말합니다. 하나님과 대화할 때 한 가지 유의할 것은 하나님의 음성을 들어야 제대로 된 대화가 이루어진다는 것입니다. 우리는 문제를 해결하거나 우리의 뜻이나 소원을 이루어 달라고 기도하고, 하나님이 무엇이라 말씀하시는지는 생각하지도 않고 듣지도 않은 채 기도를 마칠 때가 많습니다. 이것은 대화가 아니라 일방적인 요구를 관철시키려는 시위나 자기 소원을 이루어 달라고 빌고 비는 이방인의 기도입니다. 성경은 이런 기도를 가증하다고 말합니다.

사람이 귀를 돌이키고 율법을 듣지 아니하면 그의 기도도 가증하니라 | 잠 28:9, 개역한글

주기도문 기도를 통해 우리는 하늘 아버지와 진정한 대화를 나눌 수 있습니다. 주기도문을 그저 암송하니까 하나님의 음성을 들을 수 없는 것이지, 주기도문으로 제대로 기도하면 누구나 하나님의 음성을 듣게 됩니다.

주기도문으로 기도하면 하나님과 대화하는 법도 배워가고, 하나님과 점점 깊은 대화를 하게 되며, 더불어 신앙도 깊어집니다. 어린아이가 단어만 나열하다 점점 자라면서 단문으로 말하고, 어른이 되면서 유창하게 말하게 되는 것과 같습니다.

> 내가 어렸을 때에는 말하는 것이 어린아이와 같고 깨닫는 것이 어린아이와 같고 생각하는 것이 어린아이와 같다가 장성한 사람이 되어서는 어린아이의 일을 버렸노라 | 고전 13:11

그러므로 기도를 한다고 하면서 말이 변하지 않는 사람들은 기도를 점검해 보아야 합니다. 진정으로 하나님과 만나 대화하는 기도를 하고 있는지, 아니면 외식하는 기도나 "비나이다" 수준의 이방인의 기도를 하고 있는 것은 아닌지 살펴보아야 합니다.

혀를 능히 길들일 사람이 없습니다(약 3:8). 그러나 하나님과 대화하는 사람들은 하나님의 말씀을 배워 가면서 말이 변합니다. 하나님의 말씀을 배워 가면서 하나님의 성품을 닮아 갑니다. 우리가 기도하는 이유와 목적은 바로 하나님의 자녀로 살기 위해서입니다.

무릇 더러운 말은 너희 입 밖에도 내지 말고 오직 덕을 세우는 데 소용되는 대로 선한 말을 하여 듣는 자들에게 은혜를 끼치게 하라 | 엡 4:29

그러므로 모든 악독과 모든 기만과 외식과 시기와 모든 비방하는 말을 버리고 갓난아기들같이 순전하고 신령한 젖을 사모하라 이는 그로 말미암아 너희로 구원에 이르도록 자라게 하려 함이라 | 벧전 2:1-2

주기도문으로 제대로 기도하면 마음이 새롭게 됨을
깨달았다. 그리고 그런 변화를 기대하거나 소망하는
정도가 아니라 변화가 이루어지는 경험을 했다

마음을 새롭게 하는 것은 우리가 할 수 있는 일이 아닙니다. 하나님이 해 주셔야만 하는 일입니다. 우리 안에 성령으로 오셔서 이루어 주시는 하나님의 일입니다. 기도로 하나님과 매일 만난다고 하면서도 마음이 새로워지지 않고 말도 변하지 않는다면 그것은 주님이 본받지 말라고 하신 기도를 했기 때문입니다. 주님이 "이렇게 기도하라" 하시면서 가르쳐 주신 주기도문으로 하나님과 만나 대화하면 마음이 새로워지고 말이 변합니다.

너희는 이 세대를 본받지 말고 오직 마음을 새롭게 함으로 변화를 받아 하나님의 선하시고 기뻐하시고 온전하신 뜻이 무엇인지 분별하도록 하라 | 롬 12:2

너희는 유혹의 욕심을 따라 썩어져 가는 구습을 따르는 옛 사람을 벗어 버리고 오직 너희의 심령이 새롭게 되어 하나님을 따라 의와 진리의 거룩함으로 지으심을 받은 새 사람을 입으라 | 엡 4:22-24

주기도문으로 기도하는 사람은

용서하는 삶, 염려하지 않는 삶,

비판하지 않는 삶을 살고,

대접하는 삶을 살게 됩니다.

염려를 이기고,

비판을 이기는 기도를 하고,

대접하는 기도를 하여

대접하는 삶을 살게 됩니다.

대접하는 삶은 하나님을 사랑하고

이웃을 사랑하는 삶이요,

말씀을 이루는 삶입니다.

이것이 주기도문으로 기도하는 사람의 삶입니다.

주기도문으로 기도하는 사람은

하나님의 품속에서 말을 배우는

어린아이와 같습니다.

말을 배움으로 하나님을 점점 알아 갑니다.

말이 달라지고 마음이 새로워집니다.

그럼으로써 하나님을 점점 닮아 갑니다.

III

주기도문으로 기도할 때
얻게 되는 놀라운 유익

주기도문으로 하루 세 번 기도하면서 얻은 유익이 참으로 많습니다. 그 귀하고 소중한 유익을 나누고자 합니다. 제가 누렸고, 또 누리고 있는 영적 유익을 나누는 이유는 하루 세 번의 기도에 풍성한 은혜가 있음을 알고 기대하면서 기도의 자리로 나아가기를 바라는 마음 때문입니다.

실제 주기도문으로 하루 세 번 기도할 때 각자에게 필요한 유익을 얻되, 제가 얻은 유익에 더하여 더욱 풍성히 누리게 되기를 바랍니다. 주기도문을 가르쳐 주시며 "이렇게 기도하라" 하신 예수님이 기도하는 우리에게 그처럼 더하여 주시는 은혜를 베풀어 주시리라 믿습니다. 예수님은 "내가 온 것은 양으로 생명을 얻게 하고 더 풍성히 얻게 하려는 것이라"(요 10:10)고 말씀하셨습니다.

이제부터 주기도문으로 기도할 때 어떠한 놀라운 변화가 생기는지 저의 체험을 중심으로 이야기해 보겠습니다.

하나님과 동행하는 삶을 살게 된다

저는 신앙생활을 바르게 하기 위해 말씀 묵상과 기도를 했을 뿐인데, 놀랍게도 아침 말씀 묵상과 하루 세 번의 주기도문 기도로 하나님과 동행하는 삶을 살게 되었습니다. 하루 세 번 주기도문 기도의 가장 큰 유익은 무엇보다도 하나님과 동행하는 삶을 살게 하는 데 있습니다. 하루 잠깐의 세 번 기도로 하나님과 동행하는 삶을 살게 되니 참으로 놀라운 은혜가 아닐 수 없습니다.

하나님과 동행하는 삶은 믿는 자들에게 최선이자 최고의 축복입니다. 이 최고의 축복을 하루 세 번의 기도로 누릴 수 있다는 것이 참으로 감사합니다. 우리도 믿음의 선진들처럼 하나님과 동행하는 삶을 살 수 있습니다.

므두셀라를 낳은 후 삼백 년을 하나님과 동행하며 자녀들을 낳았으며 … 에녹이 하나님과 동행하더니 하나님이 그를 데려가시므로 세상에 있지 아니하였더라 | 창 5:22, 24

노아는 의로운 사람으로 당대에 완전한 사람이었으며 하나님과 동행하는 사람이었습니다 | 창 6:9, 우리말성경

하나님과 교제하는 시간을 갖게 된다

제가 목회하던 교회에 매일 출퇴근할 때마다 전화하는 딸을 둔 교인이 있었습니다. 이 어머니에게 딸과 하루 두 번 일상적인 대화를 나누는 통화는 큰 기쁨이 되었고, 멀리 떨어져 있는 딸과 친밀한 관계를 이어 주고 있었습니다. 하루 세 번의 기도도 이와 같이 하나님의 자녀들인 우리가 하늘 아버지께 큰 기쁨을 드리는 시간이 되리라고 믿습니다. 그리고 저에게도 하루 세 번의 주기도문 기도가 하나님과 친밀한 관계를 맺는 시간이 되고 있음을 매일 경험하고 있습니다.

사도행전을 보면 하루 세 번 기도하는 시간에 놀라운 일들이 많이 일어났습니다(오전 9시 기도하는 시간에 성령이 임하심[행 2:15], 낮 12시 기도 시간에 베드로가 환상을 봄[행 10:9], 오후 3시 기도 시간에 성전 앞 미문에서 구걸하던 나면서 못 걷게 된 자가 일어나는 기적[행 3:1], 하나님의 사자가 와서 고넬료에게 지시함[행 10:3] 등). 하나님이 함께하시는 시간이기에 이런 기적 같은 일이 일어나는 것이리라 믿습니다.

하나님께서는 신실하신 분입니다. 여러분은 하나님의 신실하심으로 인해 그분의 아들 예수 그리스도 우리 주와 함께 교제하도록 부르심을 받았습니다 | 고전 1:9, 우리말성경

주님과 함께하는 삶을 살게 된다

주님이 우리를 위해 죽으신 것은 우리 죄를 감당하시고 우리에게 생명을 주시기 위해서입니다. 그러면 예수님은 왜 우리를 위해 죽으시고 우리에게 생명을 주려 하시는 것일까요? 우리와 함께 사시기 위해서입니다.

주님을 믿어 얻은 생명으로 주님과 함께 사는 것이 신앙생활입니다. 그래서 성경은 우리에게 신앙 행위를 열심히 하라고 요구하는 것이 아니라 주님과 함께 살기를 힘쓰라고 합니다. 결혼한 남녀가 사랑하면서 같이 사는 것이 바른 결혼생활인 것처럼, 생명 얻은 우리가 주님과 연합하여 주님을 사랑하면서 주님과 같이 사는 것이 바른 신앙생활입니다. 우리는 하루 세 번 기도로 주님과 함께 살 수 있습니다.

내가 온 것은 양으로 생명을 얻게 하고 더 풍성히 얻게 하려는 것이라 | 요 10:10

예수께서 우리를 위하여 죽으사 우리로 하여금 깨어 있든지 자든지 자기와 함께 살게 하려 하셨느니라 | 살전 5:10

하나님 나라와 의를 구하게 된다

우리는 오랫동안 기도해 왔어도 어린아이 기도의 수준에서 벗어나지 못할 수 있습니다. 그저 우리의 필요나 문제 해결을 위해서 기도하고, 소원이 이루어지기를 기도하는 정도일 때가 많습니다. 무엇을 구할지 제대로 모르기 때문입니다. 그런데 우리는 주기도문으로 기도할 때 그 수준에서 벗어나 제대로 된 기도를 할 수 있게 됩니다.

주기도문으로 기도하기는 우리 기도의 방향과 목적과 내용이 하나님 나라와 의를 구하는 것이 되도록 해 줍니다. 땅의 것만 구하는 땅의 기도만 하던 우리가 하나님 나라와 의를 구하는 하늘의 기도를 하게 됩니다. 우리 기도가 업그레이드되려면 주기도문으로 기도해야 합니다.

예수님이 우리에게 먼저 하나님 나라와 의를 구하는 기도를 하라고 말씀하시면서 주기도문을 가르쳐 주셨습니다. 그리고 주님은 우리가 하나님 나라와 의를 구하면 모든 것을 더하여 받게 된다고 말씀하셨습니다.

그러므로 염려하여 이르기를 무엇을 먹을까 무엇을 마실까 무엇을 입을까 하지 말라 이는 다 이방인들이 구하는 것이라 너

126

희 하늘 아버지께서 이 모든 것이 너희에게 있어야 할 줄을 아
시느니라 그런즉 너희는 먼저 그의 나라와 그의 의를 구하라
그리하면 이 모든 것을 너희에게 더하시리라 | 마 6:31-33

이와 같이 성령도 우리의 연약함을 도우시나니 우리는 마땅히
기도할 바를 알지 못하나 오직 성령이 말할 수 없는 탄식으로
우리를 위하여 친히 간구하시느니라 마음을 살피시는 이가 성
령의 생각을 아시나니 이는 성령이 하나님의 뜻대로 성도를 위
하여 간구하심이니라 | 롬 8:26-27

기도의 생활화를 이루어 항상 기도하게 된다

성경에는 기도하라는 명령이 많습니다. "항상 기도하라",
"쉬지 말고 기도하라", "무시로 기도하라", "구하라, 찾으라, 두
드리라" 등 기도하라고 강하게 명합니다. 그런데 아무리 생각
해 봐도 이런 기도의 명령들을 이룰 수 없어 보입니다. 어떻게
항상 기도할 수 있을까요? 어떻게 쉬지 않고 기도할 수 있나
요? 그런데 이 기도의 명령이 하루 세 번의 주기도문 기도로
저의 신앙생활에서 이루어지는 경험을 했습니다.

우리 모두 하루 세 번의 주기도문 기도로 이 같은 성경의 기도 명령을 이룰 수 있습니다. 항상 기도하는 삶도 하루 세 번의 주기도문 기도로 이루게 됩니다. 다니엘도 하루 세 번 기도로 항상 기도하는 삶을 살았습니다. 하루 세 번 기도가 항상 기도하는 삶, 쉬지 않고 늘 기도하는 삶을 살게 해 줍니다.

쉬지 말고 기도하십시오 | 살전 5:17, 우리말성경

고넬료와 그 집안사람들은 모두 경건하고 하나님을 경외하는 사람들이었습니다. 고넬료는 가난한 사람들에게 아낌없이 나눠 주었고 항상 하나님께 기도했습니다. 어느 날 오후 3시쯤 고넬료가 환상을 보았습니다 | 행 10:2-3, 우리말성경

염려를 이기는 삶을 살게 된다

우리의 기도 제목이 염려 제목일 때가 많습니다. 주위에 일어나는 모든 일이 염려거리인 것 같습니다. 그래서 성경에서 "아무것도 염려하지 말고 다만 모든 일에 기도와 간구로, 너희 구할 것을 감사함으로 하나님께 아뢰라"(빌 4:6)고 하는

것 같습니다. 저도 염려가 많은 사람입니다. 그런데 놀랍게도 하루 세 번의 주기도문 기도로 염려에서 벗어날 수 있었을 뿐 아니라 감사의 삶으로 나아가 하나님의 도우시는 손길을 경험하고 하나님의 평강을 누릴 수 있게 되었습니다. 주기도문은 세상 염려에서 벗어나게 하는, 하나님 나라와 의를 바라보며 구하는 기도임을 깨닫습니다.

그러므로 내가 너희에게 이르노니 목숨을 위하여 무엇을 먹을까 무엇을 마실까 몸을 위하여 무엇을 입을까 염려하지 말라 목숨이 음식보다 중하지 아니하며 몸이 의복보다 중하지 아니하냐 | 마 6:25

아무것도 염려하지 말고 다만 모든 일에 기도와 간구로, 너희 구할 것을 감사함으로 하나님께 아뢰라 그리하면 모든 지각에 뛰어난 하나님의 평강이 그리스도 예수 안에서 너희 마음과 생각을 지키시리라 | 빌 4:6-7

하루 삶에서 새롭게 하는 계기가 마련된다

우리는 종종 염려에 사로잡혀 살거나 쓸데없는 세상 뉴스나 스포츠 등 이런저런 것들에 몰입된 채 몇 시간 혹은 하루 내내 매여 있곤 합니다. 이럴 때 주기도문 기도는 마치 집 안에 있는 지저분한 쓰레기를 버리고 청소하는 것같이 마음을 새롭게 해 주고 생활이 제자리를 찾도록 도와줍니다. 하루 세 번 주기도문 기도는 우리가 삶에서 헤매고 있을 때 방향을 하나님의 온전하신 뜻에 맞추어 살게 합니다.

너희는 이 세대를 본받지 말고 오직 마음을 새롭게 함으로 변화를 받아 하나님의 선하시고 기뻐하시고 온전하신 뜻이 무엇인지 분별하도록 하라 | 롬 12:2

주님 안에 거하는 삶을 살게 된다

주기도문 기도는 우리가 주님 안에 거하게 하고 주님과 함께하는 삶을 살게 합니다. 우리가 주님 안에 거하지 않으면 아무것도 할 수 없지만, 우리가 주님 안에 거하면 열매 맺는 삶을 살게 됩니다. 하루 세 번의 주기도문 기도로 우리는 주님 안에 거하고, 주님도 우리 안에 거하시며, 열매 맺는 삶을 살게 됩니다.

> 내 안에 거하라 나도 너희 안에 거하리라 가지가 포도나무에 붙어 있지 아니하면 스스로 열매를 맺을 수 없음같이 너희도 내 안에 있지 아니하면 그러하리라 나는 포도나무요 너희는 가지라 그가 내 안에, 내가 그 안에 거하면 사람이 열매를 많이 맺나니 나를 떠나서는 너희가 아무것도 할 수 없음이라
>
> | 요 15:4-5

하루 종일 말씀 안에 거하게 된다

주님은 우리 안에 말씀으로 거하십니다. 그러므로 말씀을 잃어버린 것은 주님을 잃어버린 것입니다. 그런데 저는 아침에 큐티 시간을 통해 귀한 말씀을 받았다 해도 점심시간이 오기 전에, 아니 큐티를 하고 일어나면서부터 받은 말씀을 잃어버리고 살 때가 많았습니다. 그런데 하루 세 번 주기도문 기

도로 말씀을 다시 받게 되어 하루 종일 말씀이 내 안에 거하는 삶을 살게 되었습니다. 이렇게 말씀이 우리 안에 거할 때 많은 응답을 받고, 풍성한 열매를 맺는 삶을 살며, 하나님 아버지께 영광을 돌릴 수 있게 됩니다.

> 너희가 내 안에 거하고 내 말이 너희 안에 거하면 무엇이든지 원하는 대로 구하라 그리하면 이루리라 너희가 열매를 많이 맺으면 내 아버지께서 영광을 받으실 것이요 너희는 내 제자가 되리라 | 요 15:7-8

주님의 사랑 안에 거하는 삶을 살게 된다

저는 주기도문으로 기도할 때마다 하나님을 경험하곤 합니다. 사랑이신 하나님과 사랑의 대화를 하기 때문입니다. 우리가 잘못하여 머뭇거리며 기도의 자리에 와도 하나님은 사랑으로 받아 주십니다. 그 사랑을 받은 우리는 서로 사랑하며 살게 됩니다. 또한 그렇게 서로 사랑함으로 우리가 주님의 사랑 안에 거하는 삶을 살고 있음을 압니다. 오늘도 주기도문으로 기도의 자리에 나가면 "사랑한다, 내 딸(아들)아!" 하시는 주님의 음성을 듣게 될 것입니다.

> 아버지께서 나를 사랑하신 것같이 나도 너희를 사랑하였으니 나의 사랑 안에 거하라 내가 아버지의 계명을 지켜 그의 사랑 안에 거하는 것같이 너희도 내 계명을 지키면 내 사랑 안에 거하리라 … 내 계명은 곧 내가 너희를 사랑한 것같이 너희도 서로 사랑하라 하는 이것이니라 | 요 15:9-10, 12

경건에 이르는 연습을 하게 된다

성경은 경건에 이르는 연습을 하라고 하는데, 우리는 그 방법을 잘 모르는 경우가 많습니다. 경건의 연습은 말씀과 기도로 이루어집니다. 저는 아침 말씀 묵상과 하루 세 번의 주기도문 기도를 통해 이 말씀이 명령하는 대로 경건에 이르는 연습을 하고 있습니다. 이로써 범사에 유익을 누리며 살게 됩니다.

> 하나님의 말씀과 기도로 거룩하여짐이라 | 딤전 4:5

깨어 있는 삶을 살게 된다

성경은 깨어 있는 삶을 살 것을 권면합니다. "근신하라 깨어라 너희 대적 마귀가 우는 사자같이 두루 다니며 삼킬 자를 찾나니"(벧전 5:8). 성경에서 말하는 깨어 있는 삶은 기도하는 삶입니다. 시험에 들지 않게 깨어 기도해야 합니다. 기도를 계속하고 기도에 감사함으로 깨어 있어야 합니다. 우리 모두 하루 세 번의 주기도문 기도로 늘 깨어 있는 영적 유익을 누릴 수 있습니다.

시험에 들지 않게 깨어 기도하라 마음에는 원이로되 육신이 약하도다 | 마 26:41

너희는 장차 올 이 모든 일을 능히 피하고 인자 앞에 서도록 항상 기도하며 깨어 있으라 | 눅 21:36

하나님과 가까이하는 삶을 살게 된다

하나님과 가까이하는 삶을 살 때 하나님이 우리를 가까이하십니다. 하루 세 번의 기도로 우리는 하나님과 가까이하는 삶을 살게 되고, 하나님과 친밀히 교제할 수 있습니다.

하나님을 가까이하라 그리하면 너희를 가까이하시리라
| 약 4:8

마귀를 대적하여 이기는 삶을 살게 된다

"마귀를 대적하라 그리하면 너희를 피하리라"(약 4:7)라고 성경은 말하는데, 우리는 종종 마귀를 인식하지도, 대적하지도 못하며 살아갑니다.

우리의 대적은 기도하지 못하게 방해하고 공격합니다. 아울러 우리 영혼을 도둑질하고 망하게 하며 공동체를 깹니다. 저는 하루 세 번 기도하면서 이러한 영적 존재를 실제적으로 알게 되었습니다. 이런 방해들을 이기고 하루 세 번 기도함으로 마귀를 대적하고 승리하게 되었습니다. 그리고 영적 공격을 받고 있는 성도들을 위해 중보기도하게 되었습니다.

우리는 하루 세 번의 주기도문 기도로 마귀를 인식하고 대적할 수 있습니다. 마귀의 간계를 능히 대적하기 위하여 하나님의 전신 갑주를 입어야 하는데, 전신 갑주를 온전히 작동하게 하는 것이 바로 기도입니다.

도둑이 오는 것은 도둑질하고 죽이고 멸망시키려는 것뿐이요 내가 온 것은 양으로 생명을 얻게 하고 더 풍성히 얻게 하려는 것이라 | 요 10:10

이는 우리로 사탄에게 속지 않게 하려 함이라 우리는 그 계책을 알지 못하는 바가 아니로라 | 고후 2:11

마귀의 간계를 능히 대적하기 위하여 하나님의 전신 갑주를 입으라 모든 기도와 간구를 하되 항상 성령 안에서 기도하고 이를 위하여 깨어 구하기를 항상 힘쓰며 여러 성도를 위하여 구

너희는 하나님께 복종할지어다 마귀를 대적하라 그리하면 너희를 피하리라 | 약 4:7

언제 어디서나 기도할 수 있게 된다

저는 주기도문 기도를 시작하고서도 오랫동안 이런저런 일이 있거나 기도할 상황이 안 되면 기도하는 것을 미루거나 그냥 지나갔습니다. 그러다가 다니엘이 사자굴에 들어갈 것을 알면서도 늘 하던 대로 하루 세 번씩 기도했다는 말씀에 도전을 받아 언제 어디서나 정해진 기도 시간이 되면 하루 세 번 기도를 했습니다.

언제 어디서나 정해진 시간에 기도를 하면 놀라운 하나님의 손길을 경험하게 됩니다. 하루 세 번 주기도문 기도는 다니엘이 행했던 것처럼 목숨 걸고 할 만한 가치가 있습니다.

다니엘이 이 조서에 왕의 도장이 찍힌 것을 알고도 자기 집에 돌아가서는 윗방에 올라가 예루살렘으로 향한 창문을 열고 전

에 하던 대로 하루 세 번씩 무릎을 꿇고 기도하며 그의 하나님 께 감사하였더라 | 단 6:10

다른 사람도 기도 생활에 눈을 떠
기도의 삶을 살게 된다

저는 모임 중이라도 사람들에게 하루 세 번 기도를 제안 해 함께 기도하고, 간혹 정말 기도하기 어려운 상황이면 그 자리를 떠나 기도하고 오거나 그 자리에서 홀로 기도합니다. 다른 사람들도 저를 따라 하루 세 번 기도를 하다 은혜를 받고 영적 회복이 일어났다고 간증하곤 했습니다. 이처럼 하루 세 번 기도는 다른 사람들도 기도의 삶을 살게 합니다.

진실로 다시 너희에게 이르노니 너희 중의 두 사람이 땅에서 합심하여 무엇이든지 구하면 하늘에 계신 내 아버지께서 그들 을 위하여 이루게 하시리라 두세 사람이 내 이름으로 모인 곳 에는 나도 그들 중에 있느니라 | 마 18:19-20

하나님의 지혜와 은혜를 공급받게 된다

기도를 하면 하나님의 지혜를 받아 세상을 이기는 자가 되고, 하나님의 말씀을 받아 하나님 나라에서 쓰임 받는 삶을 살게 됩니다. 저는 목회자로서 늘 설교를 해야 하는데 하루 세 번 기도를 통해 말씀을 받아서 전할 수 있었습니다. 그래서 설교에 대한 부담 없이, 하나님이 주신 말씀으로 잘 준비하여 설교할 수 있었습니다. 또한 교회 여러 일에 대해서도 하나님이 말씀을 주셔서 지혜롭게 해결하도록 해 주셨습니다.

우리 모두 하루 세 번 기도한다면 이 시간을 통해 사회 전 영역에서 통찰과 지혜를 얻게 될 것입니다. 정치인은 정치 분야에서 지혜와 통찰을 얻고, 사업가는 사업에 대한 지혜와 통찰을 얻고, 학생들은 다니엘처럼 지혜를 얻어 공부를 잘하게 될 것입니다. 믿는 사람들 누구나 하루 세 번 기도를 통해 하나님의 지혜와 능력을 얻어 다니엘처럼 지혜롭게 이 세상을 이기게 될 것입니다.

하나님이 이 네 소년에게 학문을 주시고 모든 서적을 깨닫게 하시고 지혜를 주셨으니 다니엘은 또 모든 환상과 꿈을 깨달아 알더라 | 단 1:17

여호와를 경외하는 것이 지혜의 근본이요 거룩하신 자를 아는
것이 명철이니라 | 잠 9:10

기도할 때마다 말씀을 다시금 받아
하루 종일 말씀으로 살 수 있게 된다

우리는 대개 말씀 없이 하루를 시작합니다. 혹은 아침 말씀 묵상이나 새벽기도 때 말씀을 받았다 해도 바쁜 하루를 보내며 그 말씀을 잊어버리고 살 때가 많습니다. 그래서 말씀을 따라 살지 못합니다. 주기도문으로 하루 세 번씩 기도하면 일용할 양식인 하나님의 입에서 나오는 말씀을 받아 말씀으로 하루를 살 수 있습니다.

예수께서 대답하여 이르시되 기록되었으되 사람이 떡으로만 살 것이 아니요 하나님의 입으로부터 나오는 모든 말씀으로 살 것이라 하였느니라 하시니 | 마 4:4

오늘 우리에게 일용할 양식을 주시옵고 | 마 6:11

그러므로 여러분이 이것들을 알고 또 여러분이 이미 받은 진리 안에 굳게 서 있다 해도 나는 여러분들로 하여금 항상 이것들을 기억하게 하려 합니다. 내가 이 육신의 장막에 사는 동안에는 여러분을 일깨워 기억하게 하는 것이 옳다고 생각합니다

| 벧후 1:12-13, 우리말성경

하나님의 음성을 잘 듣게 된다

저는 아침 말씀 묵상 시간에 하나님의 말씀을 듣고 하루를 시작합니다. 그런데 말씀으로 시작했으나 끝까지 말씀으로 사는 일은 안 될 때가 많았습니다. 그러다가 주기도문으로 하루 세 번 기도하면서부터는 하루 종일 하나님이 주신 말씀으로 살게 되었습니다. 하루 세 번의 기도가 말씀으로 하루를 시작하고 말씀으로 하루를 마치게 해 주었습니다.

"일용할 양식인 하나님의 입에서 나오는 말씀을 주옵소서"라고 기도하고 귀를 기울이고 있으면 하나님이 음성을 들려주십니다. 하나님의 음성을 듣기 원하는 분들은 주기도문으로 하루 세 번 기도를 시작해 보면, 오래지 않아 하나님의 음성을 듣게 될 것입니다.

용서하는 삶을 살게 된다

저는 주기도문 순서로 아침 말씀 묵상 시간을 갖고, 하루 세 번 주기도문으로 기도하고, 잠자리에 누워 주기도문으로 기도하면서 잠이 듭니다. 그러므로 적어도 하루에 다섯 번 "우리가 우리에게 죄지은 자를 사하여 준 것같이 우리 죄를 사하여 주시옵소서" 하며 용서의 기도를 드립니다. 서운하거나 억울하게 한 사람들, 껄끄럽거나 마음에 상처를 준 사람들을 하루에도 몇 번씩 용서하게 되므로 상처가 깊어지지 않고 쓴 뿌리가 나지 않습니다. 또한 내가 잘못하거나 상처 준 일이 생각나면 상대방에게 사과하고 용서를 구하게 됩니다.

예수님은 끝없이 용서하면서 살라고 하셨습니다. 용서가 하나님 나라를 임하게 하기 때문입니다. 이렇게 용서하는 삶을 살 때 나 자신도 용서받은 감격과 기쁨을 회복해 하나님 나라를 누리며 살게 되고, 용서로 하나님 나라를 임하게 할 수 있습니다.

시험과 유혹을 인지해
시험을 이기고 깨어 살게 된다

시험은 우리를 말씀대로 살지 못하도록 유혹하고 미혹
합니다. 세상살이에 바쁘다 보면 이런 시험을 받으면서도 인
식하지 못한 채 살 때가 많습니다. 그러나 주기도문으로 하루
세 번 기도하면서부터는 이런 시험을 인지해 하나님이 주신
말씀으로 시험을 물리치며 악에 빠지지 않는 삶을 살게 됩니
다. 더 나아가 오히려 하나님의 선을 이루며 삽니다.

너희는 이 세대를 본받지 말고 오직 마음을 새롭게 함으로 변
화를 받아 하나님의 선하시고 기뻐하시고 온전하신 뜻이 무엇
인지 분별하도록 하라 | 롬 12:2

하나님의 보호하심과 인도하심을
명확히 받게 된다

출애굽 시 광야에서 하나님은 불 기둥과 구름 기둥으로
이스라엘 백성을 보호하며 인도해 주셨는데, 주기도문으로
하루 세 번 기도하면 그 보호하심을 느낄 수 있습니다. 물론
주기도문으로 기도하지 않을 때도 하나님이 우리를 보호하
시고 인도해 주시지만, 우리가 주기도문으로 하루 세 번 기도
할 때 그분의 보호하심과 인도하심을 마치 불 기둥과 구름 기
둥을 눈으로 보듯 더 명확하고 생생하게 경험할 수 있습니다.

여호와께서 그들 앞에서 가시며 낮에는 구름 기둥으로 그들의
길을 인도하시고 밤에는 불 기둥을 그들에게 비추사 낮이나 밤
이나 진행하게 하시니 낮에는 구름 기둥, 밤에는 불 기둥이 백
성 앞에서 떠나지 아니하니라 | 출 13:21-22

그는 너희보다 먼저 그 길을 가시며 장막 칠 곳을 찾으시고 밤
에는 불로, 낮에는 구름으로 너희가 갈 길을 지시하신 자이시
니라 | 신 1:33

하나 됨을 이루며 경험하게 된다

예수님도 우리의 하나 됨을 위해 기도하셨습니다. 우리
가 주기도문으로 기도할 때 하나 됩니다. 한 아버지를 부르고,
함께 하나님 나라와 의를 구하는 기도를 할 때 하나 되는 경험
을 하게 됩니다. 주기도문은 나의 기도문이 아니라 우리의 기
도문입니다. 우리를 하나 되게 하는 기도문입니다.

거룩하신 아버지여 내게 주신 아버지의 이름으로 그들을 보전
하사 우리와 같이 그들도 하나가 되게 하옵소서 | 요 17:11

하늘에 계신 우리 아버지여 | 마 6:9

기도 응답으로 놀라운 하나님의
역사하심을 경험하게 된다

저의 경우 은퇴하기까지 50년간의 사역보다 주기도문으로 하루 세 번 기도하면서 지낸 5년의 시간이 더 큰 영향과 좋은 결과를 가져다주었습니다. 하루 세 번 기도하는 분들마다 다니엘과 같은 믿음의 선진처럼 하나님의 놀라운 일이 자신을 통해 이루어지는 역사를 볼 것입니다. 그리고 하나님 나라에 쓰임 받는 삶을 살게 될 것입니다.

우리 안에서 역사하시는 능력을 따라 우리가 구하고 생각하는 모든 것보다 훨씬 더 넘치도록 하실 수 있는 분에게 교회 안에서와 그리스도 예수 안에서 영광이 대대로 영원무궁하기를 빕니다. 아멘 | 엡 3:20-21, 우리말성경

엘리야는 우리와 성정이 같은 사람이로되 그가 비가 오지 않기를 간절히 기도한즉 삼 년 육 개월 동안 땅에 비가 오지 아니하고 다시 기도하니 하늘이 비를 주고 땅이 열매를 맺었느니라 | 약 5:17-18

조급하지 않고 하나님의
인도하심을 따라 살게 된다

저는 무언가 빨리 이루어지기를 바라며 조급할 때가 많았습니다. 빨리 이루기 위해 내 힘으로 애쓸 때가 많았고, 그러다 보니 실수도 잦았습니다. 그런데 하루 세 번의 기도가 급한 발걸음을 멈추고 다시 하나님 앞에 앉아 있게 하였고, 이로써 하나님의 능하신 손 아래에서 하나님의 때를 평안히 기다리는 믿음의 삶을 살게 되었습니다. 이렇게 기도할 때 조급해서 범한 실수조차도 합력하여 선을 이루어 가시는 하나님을 경험하게 됩니다.

그러므로 하나님의 능하신 손 아래에서 겸손하라 때가 되면 너희를 높이시리라 | 벧전 5:6

우리가 알거니와 하나님을 사랑하는 자 곧 그의 뜻대로 부르심을 입은 자들에게는 모든 것이 합력하여 선을 이루느니라 | 롬 8:28

주기도문은 그리스도인 대부분이 알기에 설명하기 쉽고, 이미 외우고 있기에 함께 기도하기도 좋다

저는 누군가와 카페에 앉아 이야기하고 있다가도 정해진 기도 시간이 다가오면 간단히 주기도문을 설명하고 같이 기도합니다. 여러 명이 둘러앉아 대화하거나 모임을 하고 있을 때도 동일합니다. 이렇게 함께 기도하자고 제안할 수 있는 이유는 이미 모두 주기도문을 잘 알고 외우고 있기에 설명하기도, 따라 기도하기도 쉽기 때문입니다.

이제 주기도문의 의미를 제대로 알고 주님이 가르쳐 주신 대로 기도하기만 하면 간단하고 쉽게 하나님 나라와 의를 구하는 기도를 할 수 있습니다. 놀라운 하나님 나라의 역사에 동참하는 삶을 살게 되는 것입니다. 그리고 그 기도하는 자리가 하나님이 함께하시는 성소가 됩니다. 아멘!

진실로 다시 너희에게 이르노니 너희 중의 두 사람이 땅에서 합심하여 무엇이든지 구하면 하늘에 계신 내 아버지께서 그들을 위하여 이루게 하시리라 두세 사람이 내 이름으로 모인 곳에는 나도 그들 중에 있느니라 | 마 18:19-20

주기도문 기도는 자녀들과
함께 기도하는 데 유용하다

하루 세 번 기도 시간 중에 자녀와 같이 있다면, 자녀들을 기도의 자리에 초청하기 좋습니다. 기도는 기도의 삶으로 가르칠 때 가장 잘 가르쳐 줄 수 있습니다. 이렇게 자녀들과 함께 기도할 때 하나님을 사랑하고, 사랑의 하나님을 함께 경험하고 가르쳐 줄 수 있습니다.

나의 계명을 가지고 지키는 자라야 나를 사랑하는 자니 나를 사랑하는 자는 내 아버지께 사랑을 받을 것이요 나도 그를 사랑하여 그에게 나를 나타내리라 | 요 14:21, 개역한글

당신들은 마음을 다하고 뜻을 다하고 힘을 다하여, 주 당신들의 하나님을 사랑하십시오. 내가 오늘 당신들에게 명하는 이 말씀을 마음에 새기고, 자녀에게 부지런히 가르치며, 집에 앉아 있을 때나 길을 갈 때나, 누워 있을 때나 일어나 있을 때나, 언제든지 가르치십시오 | 신 6:5-7, 새번역성경

부록

한눈에 보는
주기도문 기도

1.

예수님의 기도 가르침 전체 요약

본받지 말아야 하는 기도

- ❦ 외식하는 기도 | 사람들에게 보이려고 하는 기도, 하나님보다 다른 것에 집중하는 것
- ❦ 이방인의 기도 | 말을 많이 해야 응답된다고 생각하며 하는 기도, 치성을 올리는 것

주기도문으로 기도하기

주기도문은 주님이 친히 가르쳐 주신 기도입니다. 주기도문을 통해 우리는 기도를 가장 바르게 배울 수 있습니다. 매일 아침 주기도문 기도로 하루를 열고, 하나님 나라와 의를 이루며 사는 하루하루가 됩니다.

하늘에 계신 우리 아버지

- ◆ 하나님이 우리 아버지 되심에 감사합니다.
- ◆ 하나님은 우리가 기도하기 전에 이미 우리의 모든 것을 아시는 분임을 믿고 나아갑니다.
- ◆ 기도는 하나님 아버지와의 대화이고, 하나님과의 교제

이며, 하나님 나라의 일에 동역하는 특권임에 감사합니다.

이름이 거룩히 여김을 받으시오며

◆ 하나님이 우리에게 어떤 분이셨는지 돌이켜 보면서 하나님께 합당한 이름으로 찬양합니다.

◆ 어제 주셨던 말씀을 생각하면서 삶에서 함께하셨던 하나님의 이름을 찬양합니다.

◆ 우리 삶에서 필요한 부분에 함께하실 하나님의 이름을 부르며 감사합니다.

나라가 임하시오며

◆ 나의 문제, 염려, 소원을 하나님께 맡겨 드립니다.

◆ 가정(배우자, 자녀)과 직장(동료, 일, 보람)을 하나님께 맡겨 드립니다.

◆ 교회와 순(목장) 전도를 위한 기도를 드립니다. 영혼을 주님께로 인도하여 제자 삼는 교회가 되게 해 달라고 기도합니다.

◆ 우리 교회 기도 제목, 교우들을 위한 기도 제목을 하나님께 올려 드립니다.

◆ 한국 교회와 선교, 나라(정치와 통일)를 하나님께 맡겨 드립니다.

뜻이 하늘에서 이루어진 것같이
땅에서도 이루어지이다

◆ 하나님이 맡겨 드린 모든 기도를 받으셔서 잘 다스려 주실 것을 믿음으로 선포합니다.

오늘 우리에게 일용할 양식을 주시옵고

◆ 이번 주일 설교 말씀이나 오늘의 말씀 묵상, 그리고 지금 드린 기도에 대한 하나님의 음성을 듣습니다.

"염려하지 말라. 먼저 하나님 나라와 의를 구하라. 모든 것을 더하리라(마 6:33). 경건에 이르는 연습을 하라. 경건은 범사에 유익하단다(딤전 4:7-8)."

우리가 우리에게 죄지은 자를 사하여 준 것같이
우리 죄를 사하여 주시옵고

◆ 용서해야 할 사람, 우리를 서운하게 한 사람, 원망스런 사람들을 용서합니다.

우리를 시험에 들게 하지 마시옵고

다만 악에서 구하시옵소서

◆ 시험에 들지 않고 악에서 벗어나 선한 일에 열심을 다
  하는 하나님의 백성으로 살게 하옵소서.

(대개) 나라와 권세와 영광이 아버지께

영원히 있사옵나이다. 아멘!

◆ 이렇게 하나님 나라와 의를 구하는 기도를 하는 이유
  를 선포하며 마칩니다.

"우리가 이렇게 기도하는 이유는 왜냐하면 나라와 권세
와 영광이 아버지께 영원히 있기 때문입니다. 아멘!
아멘! 아멘!"

기도의 삶 점검

I. 용서하는 삶인가?

II. 보물을 땅에 쌓는 삶인가, 하늘에 쌓는 삶인가?

- 보물을 땅에 쌓는 삶: 사람의 인정이나 세상의 것을 구하는 삶, 특징은 염려와 비판
- 보물을 하늘에 쌓는 삶: 하나님 나라와 의를 구하는 삶, 특징은 대접(하나님 사랑, 이웃 사랑)

III. 반석 위에 집을 짓는가, 모래 위에 집을 짓는가?

- 기도에 대한 가르침을 듣고 기도하는 사람: 반석 위에 집을 지은 지혜로운 삶
- 기도에 대한 가르침을 듣고 기도하지 않는 사람: 모래 위에 집을 지은 어리석은 삶

2.
주기도문으로 기도하기 실제 예

혼자 기도할 때의 예

🕊 주님이 가르쳐 주신 주기도문은 기도의 온전한 양식입니다.

하늘에 계신 우리 아버지

하늘에 계신 하나님 아버지! 하나님은 우리가 기도하기 전에 이미 우리에게 있어야 할 것을 아시는 사랑의 아버지이십니다. 우리를 가장 잘 아시는 하나님 아버지를 부르며 나아갑니다. 우리를 가장 잘 아시는 하나님 아버지께 우리 마음과 생각을 맞춥니다.

이름이 거룩히 여김을 받으시오며

하나님의 이름을 높여 찬양 드립니다. 우리에게 가장 좋은 것으로 예비해 주시고, 좋은 길로 인도해 주시고, 우리와 함께하시며 도우시고, 우리 인생에 승리와 열매를 주시는 주님을 찬양합니다. (여호와 이레, 임마누엘, 전능하신 하나님, 여호와 라파, 여호와 샬롬 등 높여 드리기 원하는 하나님의 이름을 불러 찬양합니다.)

나라가 임하시오며

전능하신 하나님! 우리와 가정, 교회, 학교, 직장, 사회, 국가, 그리고 우리의 모든 문제를 다스리시며 통치하여 주소서. 우리의 모든 문제와 기도 제목을 주님의 손 위에 올려 드립니다. (지금 염려와 모든 문제를 기도로 하나님께 맡겨 드립니다.)

뜻이 하늘에서 이루어진 것같이
땅에서도 이루어지이다

(우리가 맡겨 드린 문제와 기도를 주님이 받으셔서 다스리시므로 주님의 온전하시고 선하신 뜻이 그대로 이루어질 것을 믿고, 믿음으로 선포합니다.) 뜻이 하늘에서 이루어진 것같이 우리의 삶과 우리가 기도한 문제 가운데서도 이루어지이다!

오늘 우리에게 일용할 양식을 주시옵고

사람이 떡으로만 살 것이 아니요 하나님의 입으로부터 나오는 모든 말씀으로 살 것이라고 말씀하신 하나님! 먼저 하나님 나라와 의를 구하라고 하신 하나님 아버지! 이 시간 오늘 하나님 나라를 위해 붙잡고 살아야 할 영적 양식인 말씀을 주시옵소서.

(① 말씀 묵상 시간이면, 여기까지 기도하고 말씀을 듣기 위해 성경이나 큐티 책을 폅니다. 듣는 마음으로 천천히 하나님의 말씀을 읽습니다. 말씀으로 하나님의 음성을 듣고 기도로 올려 드립니다. ② 기도하는 시간이면, 아침 말씀 묵상을 할 때 주신 말씀이나 생각나는 말씀에 감사를 드립니다. 예를 들어 "~라고 말씀해 주시니 감사합니다"라고 합니다.)

우리가 우리에게 죄지은 자를 사하여 준 것같이
우리 죄를 사하여 주시옵고

(하나님 나라는 용서로 시작됩니다. 이제 우리가 하나님께 받은 말씀의 은혜로 우리에게 잘못한 자를 용서함으로 오늘 하루의 삶을 시작합니다. 조금이라도 서운한 부분이나 용서할 사람이 있다면 용서를 선언합니다. 용서하는 것이 하나님 나라와 의를 구하는 것입니다.)

우리를 시험에 들게 하지 마시옵고
다만 악에서 구하시옵소서

하나님 아버지! 주신 말씀대로 살지 못하게 하고 하나님의 뜻대로 살지 못하게 하는 유혹에서 우리를 보호해 주

시고, 우리가 주님이 주신 말씀대로 살아 하나님의 뜻을
이루며 살도록 인도하여 주소서.

(대개) 나라와 권세와 영광이 아버지께
영원히 있사옵나이다. 아멘!

(나라와 권세와 영광이 아버지께 영원히 있음을 선포하면서 기
도를 마칩니다.) 이렇게 이 땅의 것을 구하지 않고 하나님
나라와 의를 구하는 까닭은 나라와 권세와 영광이 아버
지께 영원히 있기 때문입니다. 아멘! 아멘! 아멘! (일어나
서 손 들고 선포하면 더 좋습니다.)

◆ 이미 주기도문의 의미를 아는 분은 주기도문 한 구절
   한 구절 기도하지 않고 이런 내용으로 자연스럽게 이
   어서 기도할 수 있습니다.

◆ 다니엘처럼 하루 세 번(오전 9시, 낮 12시, 오후 3시) 주기
   도문으로 기도할 때 승리의 삶을 살게 됩니다.

대표 기도할 때의 예

🌱 주님이 가르쳐 주신 주기도문으로 젊은 엄마들을 위한 '마더 와이즈' 기도를 드립니다(양지 온누리교회 김기령 자매).

하늘에 계신 우리 아버지

모든 상황을 아시는 하나님 아버지, 주님의 선하신 뜻대로 다 이루어 주심을 믿기에 감사드립니다!

이름이 거룩히 여김을 받으시오며

하나님의 이름을 부르며 하나님을 인정하고 찬양합니다! 여호와 닛시! 여호와 라파! 마더 와이즈를 통해 일하시고 성취하시는 여호와 하나님!

나라가 임하시오며

우리 마더 와이즈를 통치해 주소서! 교회와 여성 사역과 마더 와이즈에 주님의 나라를 선포하고 주께 온전히 맡겨 드립니다.

**뜻이 하늘에서 이루어진 것같이
땅에서도 이루어지이다**

아버지의 선하신 뜻이 '마더 와이즈' 모든 기간에 이루어
짐을 믿고 함께 기도합니다.

오늘 우리에게 일용할 양식을 주시옵고

매일 매 시간 우리에게 일용할 양식인 말씀을 풍성히 주
소서. 말씀이 선포되고 각자 말씀을 읽을 때마다 그 말씀
이 우리의 영을 먹이고 배부르게 하소서.

**우리가 우리에게 죄지은 자를 사하여 준 것같이
우리 죄를 사하여 주시옵고**

말씀의 힘으로 우리의 모든 상처를 싸매 주시고 말씀의 능
력으로 우리가 서로를 용서하게 하소서. '마더 와이즈'를
하며 가정과 이웃과 교회에서 어려운 문제가 생길 때마다
즉시 용서하고 서로의 허물을 덮게 하소서.

우리를 시험에 들게 하지 마시옵고
다만 악에서 구하시옵소서

우리를 보호하시는 주님! 늘 하나님의 말씀을 주시고 그 뜻을 묵상하여 시험을 능히 이기게 하소서.

대개(왜냐하면) 나라와 권세와 영광이 아버지께
영원히 있습니다(있기 때문입니다). 아멘!

우리 주님을 찬양합니다! 감사합니다! 우리에게 기도를 가르쳐 주시고 하나님과 교통하고 연합하게 하신 예수님의 이름으로 기도드립니다. 아멘!

함께 기도할 때의 예

🌱 그룹이나 모임에서 주기도문으로 함께 기도할 때는 인도자가 간단하게 설명하고 다 함께 기도합니다. 인도자의 간단한 설명을 듣고, 주기도문인 굵은 글씨는 한마음과 한목소리로 같이 소리 내어 기도하고 통성으로 짧게 기도합니다.

인도자 | 예수님은 기도할 때 하나님이 우리가 구하기 전에 이미 우리에게 있어야 할 것을 아시는 하늘의 아버지이심을 믿고 기도하라고 하셨습니다. 다 같이 그 하늘 아버지를 부르며 나아갑시다.

하늘에 계신 우리 아버지

하늘에 계신 하나님 아버지! 하나님은 우리가 기도하기 전에 이미 우리에게 있어야 할 것을 아시는 사랑의 아버지이십니다. 우리를 가장 잘 아시는 하나님 아버지 앞에 기도로 나아갑니다. 우리의 마음과 생각을 하나님 아버지께 맞춥니다.

인도자 | 예수님은 하나님 아버지의 이름을 높여 드리며 기도하라고 말씀하셨습니다. 하나님의 이름을 높여 드리며 기도합시다.

이름이 거룩히 여김을 받으시오며

하나님의 이름을 높여 찬양합니다. 우리에게 가장 좋은 것을 예비해 주시고, 좋은 길로 인도해 주시고, 우리와 언제나 함께하시며 도우시는 하나님을 찬양합니다. (여호와 이레 하나님, 임마누엘, 전능하신 하나님, 여호와 라파 등 높여 드리기 원하는 하나님의 이름을 돌아가면서 찬양합니다. 다른 사람들은 "아멘"으로 함께합니다.)

인도자 | 이처럼 놀라우신 하나님께 우리의 모든 것을 맡겨 하나님의 나라가 임하기를 기도합시다.

나라가 임하시오며

전능하신 하나님! 우리와 가정, 교회, 학교, 직장, 사회, 국가, 그리고 우리의 모든 문제를 다스리시며 통치하여 주소서. 우리의 모든 문제와 기도 제목을 주님의 손 위에 올려 드립니다. (지금 염려와 모든 문제를 기도로 하나님께 맡겨 드립니다.)

• 다 같이 통성 기도를 합니다.

인도자 | 우리가 맡겨 드린 모든 것을 하나님이 뜻대로 잘 다스려 주실 것을 믿고 선포합시다.

**뜻이 하늘에서 이루어진 것같이
땅에서도 이루어지이다**

(우리가 맡겨 드린 문제와 기도를 주님이 받으셔서 다스리시므로 주님의 온전하시고 선하신 뜻이 그대로 이루어질 것을 믿고, 믿음으로 선포합니다.) 뜻이 하늘에서 이루어진 것같이 우리의 삶과 우리가 기도한 문제 가운데서 이루어지이다!

인도자 | 이렇게 맡긴 마음에 하나님이 말씀을 주시도록 구하고 말씀에 귀 기울이며 나아갑시다.

오늘 우리에게 일용할 양식을 주시옵고

사람이 떡으로만 살 것이 아니요 하나님의 입으로부터 나오는 모든 말씀으로 살 것이라고 말씀하신 하나님! 먼저 하나님 나라와 의를 구하라고 하신 하나님 아버지! 이 시간 오늘 하나님 나라를 위해 붙잡고 살아야 할 영적 양식인 말씀을 주시옵소서. (잠시 기다리며 하나님의 말씀을 듣고 기도로 올려 드립니다. 몇몇 사람들이 "이런 말씀을 주셔서 감사합니다"라고 말하고, 다른 사람들은 "아멘"으로 화답합니다.)

인도자 | 우리에게 주신 말씀으로 용서하여 우리의 삶에 하나님 나라가 임하도록 기도합시다.

**우리가 우리에게 죄지은 자를 사하여 준 것같이
우리 죄를 사하여 주시옵고**

(하나님 나라는 용서로 시작됩니다. 이제 우리가 하나님께 받은 말씀의 은혜로 우리에게 잘못한 자를 용서함으로 하나님 나라와 의를 구합니다. 혹시 조금이라도 서운하거나 억울한 일, 용서할 사람이 있다면 용서를 선언합니다. 용서하는 것이 하나님 나라와 의를 구하는 것입니다.)

• 다같이 조용히 기도합니다.

인도자 | 시험은 하나님의 말씀과 하나님의 뜻대로 살지

못하게 하는 유혹과 방해입니다. 이런 시험에서 보호하시고 하나님의 선하신 뜻을 이루며 사는 삶이 되도록 기도합시다.

우리를 시험에 들게 하지 마시옵고
다만 악에서 구하시옵소서

하나님 아버지! 주신 말씀대로 살지 못하게 하고 하나님의 뜻대로 살지 못하게 하는 유혹에서 우리를 보호해 주시옵소서. 우리를 도와주셔서 주님이 주신 말씀대로 살아 하나님의 선하신 뜻을 이룰 수 있도록 인도하여 주소서.

인도자 | 이제 일어나서 손을 들고 하나님 나라와 권세와 영광이 아버지께 영원히 있음을 선포하면서 기도를 마치겠습니다.

(대개) 나라와 권세와 영광이 아버지께
영원히 있사옵나이다. 아멘!

우리가 하나님의 백성으로 이 세상에서부터 하나님 나라와 의를 구하는 영광된 삶을 살게 하시니 감사합니다. 이렇게 오늘도 영원한 것을 구하는 삶을 살게 하시니 감사합니다. 할렐루야!

◆ 이미 주기도문의 의미를 다 아는 사람들의 모임이라면 인도자의 설명 없이 천천히 그 의미를 생각하면서 주기도문만으로 기도할 수 있습니다.

◆ 이 경우 하나님의 이름을 높여 드릴 때 몇 사람이 하나님의 이름을 찬양하고, 일용할 양식을 위해 기도할 때 주신 말씀에 몇 사람이 "이런 말씀을 주셔서 감사합니다"라고 말하면 더 풍성한 기도 시간이 됩니다.

주기도문 기도로 인도하신 하나님

주기도문 기도를 보다 더 잘 이해하기 위해 제가 주기도문으로 기도하게 된 대략의 과정과 이 책을 출간하기까지 있었던 일들을 설명하는 것이 좋을 듯합니다. 그 과정에서 주기도문 기도에 대한 하나님의 명확한 인도하심과 이끄심이 있었기 때문입니다.

주님이 가르쳐 주신 주기도문은 완전하지만, 주기도문으로 기도하는 저는 불완전하고 부족합니다. 그래서 이 책에 기록된 주기도문에 대한 내용은 많이 부족할 것입니다. 독자들에게 이 부족함이 거침돌이 되지 않고 오히려 디딤돌이 되기를, 저의 부족함을 더 보완하여 저보다 주기도문으로 더 잘 기도하게 되기를 바랍니다. 주님이 친히 "이렇게 기도하라" 하셨으니 하나님의 자녀 된 사람들은 모두 주기도문으로 기도해야 합니다.

시작은 말씀 공부와 큐티부터

군 입대 당시 저는 젊은 시절의 군 생활이 의미 있는 시간이 되도록 군 선교사로 가겠다는 포부를 교회에 밝혔습니다. 그리고 예배 시간에 파송 기도를 받고 입대했습니다. 훈련소 기간에는 같은 훈련병끼리 있었기에 서로 잘 지냈습니다. 쉬는 시간이면 다른 훈련병들이 담배를 피울 때 저는 포켓 성경을 꺼내 읽었고, 믿는 훈련병들을 모아 복음송을 부르고 전도도 했습니다. 군 선교사로 군에 와 있는 것이라고 생각했기 때문입니다.

그런데 훈련을 마치고 자대 배치를 받으면서 상황이 확 달라졌습니다. 모두 상급자들이었기에 지시를 받는 상황이 되다 보니 내무반 생활이 평안하지 않았고 긴장의 연속이었습니다. 집과 교회와 학교밖에 모르던 저에게 고된 훈련과 밤마다 있는 집합과 수시로 받는 기합으로 점철된 군 생활은 너무 힘들었습니다. 그래서 군 선교사로 왔다는 생각을 다 잊고 저 자신의 신앙 하나 지키기도 버거웠습니다. 그러니 삶에 기쁨도, 능력도 없었습니다. 그저 하루하루 빨리 지나가기를 기다리는 처지였습니다.

청소년과 청년 시절에 열심히 교회 생활을 했지만 군대라는 어려운 환경에서 신앙이 전혀 힘을 쓰지 못하는 제 신앙생활의 나약함을 뼈저리게 깨닫게 되었습니다. 제대 후 '이런 나약한 신앙을 어떻게 해야 하나?' 하는 생각에 기도를 했는데, 하나님의 인도하심으로 성경 공부와 큐티를 시작하게 되었습니다. 그때 교회 청년들도 저와 마찬가지일 것이라 생각해 그들과 함께 성경 공부와 큐티를 시작하게 된 것은 하나님의 은혜였습니다.

여러 선교 단체를 돌아보고, 그 단체의 모임과 수련회에도 참석하고, 잘한다는 대학 청년부가 있는 교회들을 탐방하며 장점을 적용했습니다. 선교단체 제자 훈련 교재로 청년부의 양육 체계를 만들었는데, 제자 훈련으로 청년부원들의 신앙생활은 새로운 차원을 맞이하게 되었습니다.

체계적인 제자 양육을 통해 청년부는 생명의 말씀을 함께 먹고 나누는 말씀 공동체가 되어 은혜가 풍성했습니다. 말씀 공부와 특히 큐티(말씀 묵상)로 인해 우리 모두의 신앙생활이 점차 말씀의 반석 위에 견고하게 세워져 가게 되었습니다.

보석 같은 예수님의 산상설교

그렇게 성경 공부와 큐티를 시작한 지 10년이 되던 해 어느 날 아침, 큐티 시간을 갖다가 깜짝 놀라는 일을 경험했습니다. 10년간 하나님이 깨우쳐 주셨던 말씀들과 은혜 받았던 말씀들이 한곳에 마치 금광처럼 모여 있는 장면을 보게 된 것입니다. 그것도 온전한 은혜의 말씀으로, 보석처럼 빛나고 있는 보물 창고를 발견했습니다. 그것은 마태복음 5-7장에 기록된 '산상수훈'이라고도 부르는 예수님의 산상설교였습니다.

산상설교는 하나님의 자녀들이 이 세상에서 어떻게 살아야 하는지를 알려 주는 주옥같은 주님의 말씀입니다. 그리고 제자들의 헌장이라고도 할 수 있는 산상설교는 우리를 그저 교회를 왔다 갔다 하는 무리에서 주님을 따르는 온전한 제자가 되게 하는 말씀입니다. 이때부터 산상설교는 저의 신앙생활과 사역에 제일 중요한 지침이 되었습니다.

당시는 신학대학교에서 교목으로 섬기고 있었기에 이 은혜의 보물인 산상설교로 제자 양육 교재를 만들어 신학생들을 제자 훈련했습니다. 그때 제자 양육을 받았던 신학생들을 가끔 만날 때면 30년이 넘은 지금까지도 다들 산상설교 말씀에 대해 이야기합니다. 그만큼 우리 모두에게 주님의 산상설교는 강력한 은혜의 말씀이었습니다.

그리고 산상설교 내용 가운데 가장 중심이 되는 주기도문은 그때부터 제 말씀 묵상의 온전한 틀이 되었고 기도 생활도 완전히 바꾸어 주었습니다. 그 후 30년 넘게 지금까지 매일 주기도문 순서로 말씀 묵상을 하고 있고, 주기도문 기도로 기도 생활을 하고 있습니다.

그러다가 코로나19 팬데믹으로 교회 예배를 비롯하여 모든 집회를 하지 못하는 상황을 맞이했습니다. 그런데 오히려 그때 이 말씀의 은혜가 더욱 가치를 발하게 되었습니다. 저는 교회 예배와 모임이 없어 어찌할 바를 몰라 하는 성도들에게 줌(zoom)을 통해 산상설교 말씀을 비롯하여 은혜 받은 말씀들을 나누었습니다. 뿐만 아니라 매일 각자 주기도문 순서로 말씀 묵상을 하고, 매일 세 번 주기도문 기도를 드림으로 자기의 신앙을 지킬 수 있도록 도왔습니다.

특히 하루 세 번 기도는 다니엘의 기도 생활을 적용한 것으로, 우리 모두 신앙의 승리를 맛보게 해 주었습니다. 다니엘이 바벨론 세상을 매일 세 번의 기도를 통해 하나님의 지혜와 은혜로 넉넉히 이겼던 것처럼 우리도 하루 세 번의 기도로 이 세상을 신앙으로 이길 수 있다는 소망을 갖게 했습니다.

다니엘은, 왕이 금령 문서에 도장을 찍은 것을 알고도, 자기의 집으로 돌아가서, 다락방으로 올라갔다. 그 다락방은 예루살렘 쪽으로 창문이 나 있었다. 그는 늘 하듯이, 하루에 세 번씩 그의 하나님께 무릎을 꿇고 기도하며, 감사를 드렸다

| 단 6:10, 새번역성경

물론 교회에는 그전부터 다니엘 기도가 있었습니다. 십수 년간 매해 첫 세 주간은 다니엘 세 이레 금식 기도 기간으로 보냈습니다. 3주 동안 다니엘처럼 채식과 물만 먹으면서 뜻을 정하여 말씀대로 살기를 기도하면서 한 해를 맞이했습니다. 그 기간만이라도 미디어 금식을 하면서 다 같이 성경을 읽고 다니엘처럼 하루 세 번 기도를 하며 승리하는 삶을 살자고 권했습니다.

그러다 코로나19 기간 우리 모두 하루 세 번 기도를 제대로 삶 가운데 실천하게 되었고, 드디어 하루 세 번 기도의 위력을 경험했습니다. 코로나19 기간이 주기도문으로 하루 세 번 기도하기를 본격적으로 하게 해 준 복된 기회가 되었습니다.

코로나19가 가져다준 또 하나의 축복이 있습니다. 저는 새벽기도회를 하면서 성도들과 말씀 묵상을 함께했기에 밤이면 눕자마자 잠이 들었습니다. 코로나19로 교회에서 새벽기도회로 모일 수 없을 때에도 저는 습관을 따라 새벽에 일어나 개인적으로 말씀 묵상과 기도 시간을 가졌습니다.

그런데 무슨 이유에서인지 언젠가부터 잠자리에 누워도 잠이 오지 않았습니다. 새벽까지 뒤척인 적도 많았습니다. 그렇게 몇 달이 지났습니다. 이유를 알지 못해 의아했습니다. 나중에 알게 되었는데, 코로나19 백신 부작용이었습니다. 그런데 이 일이 축복이 된 이유는 잠 못 드는 밤에는 주기도문으로 기도했기 때문입니다.

그 후 몇 달이 지나 다시 잠을 잘 자게 되었고, 잠들기 전까지 주기도문으로 기도하는 습관이 생겼으며, 지금도 잠들기 전 시간에는 주기도문으로 기도합니다. 또한 새벽에 잠에서 깨어서도 바로 주기도문으로 기도합니다. 이로써 자든지 깨어 있든지 주님과 함께 사는 기도의 생활화가 이루어졌습니다.

예수께서 우리를 위하여 죽으사 우리로 하여금 깨어 있든지 자든지 자기와 함께 살게 하려 하셨느니라 | 살전 5:10

새벽에 잠에서 깨자마자 주기도문으로 기도하게 된 계기는 다음과 같습니다. 주기도문으로 하루 세 번 본격적으로 기도를 시작한 지 약 2년이 지났을 때 몇몇 부부와 함께 선교지 여행을 하게 되었습니다. 같은 장소에서 함께 먹고 자야 했습니다. 취침하기 위해 불을 끄고 나면 화장실에 간다는 이유로 불을 켜기가 어려웠습니다. 혹여 숙면에 방해가 될까 봐 다같이 기상할 때까지 꼼짝 못 하고 침대에 있어야만 했습니다.

저에게 가장 큰 문제는 새벽에 일어나 말씀 묵상을 할 수 있는 상황이 안 된다는 것이었습니다. 그때 저는 잠에서 깨자마자 침대에 누운 채 주기도문으로 기도하면서 "일용할 양식을 주옵소서"라고 기도했습니다. 이미 큐티 본문 말씀을 알고 있었기에 침대에 누워서 말씀 묵상을 했습니다. 주신 말씀에 감사하면서 주기도문의 이어지는 기도 내용인 용서와 보호와 인도해 주심을 기도하고 송영으로 마쳤습니다. 이렇게 해서 저는 주기도문으로 언제 어디서나, 그리고 어떤 상황에서도 주님과 함께하는 삶을 실제로 살 수 있게 되었습니다.

그리고 하루 세 번 기도도 그들 부부와 하루 24시간을 같이 보내면서 자연히 함께하게 되었습니다. 아침 9시면 같이 모여 주기도문으로 기도하고 출발했고, 낮 12시면 있는 자리에서 주기도문으로 기도했습니다. 오후 3시에도 산을 걷고 있든지, 차 안에 있든지, 어디에 있든지 함께 주기도문으로 기도했습니다. 아침 9시에 주기도문으로 기도할 때는 인도자인 제가 짧은 설명을 덧붙이면서 하기에 약 5분 걸렸고, 12시와 3시 기도 때는 약 2분씩 걸렸습니다(<부록 >의 "주기도문으로 기도하기 실제 예" 참고).

그런데 그 시간이 매우 인상적이고 좋았던 모양입니다. 여행을 마쳤을 때 일행들이 마치 은혜로운 수련회를 마치고 돌아가는 것 같다고, 집에 돌아가서도 계속하겠다고 말했습니다. 이후에 다시 만난 그분들은 핸드폰에 알람을 설정해 놓고 하루 세 번 기도를 계속하고 있었습니다. 여행 중에 함께 주기도문으로 세 번 기도한 시간을 합쳐 봐야 하루 10분밖에 안 되는데, 그 기도 시간은 이처럼 우리의 여행을 복되고 풍성하게 해 주었습니다.

목회 은퇴를 하고 돌아보니, 산상설교를 비롯한 말씀과 매일 말씀 묵상과 세 번의 주기도문 기도를 목회 유산으로 남겨 놓게 되었습니다. 교회 청소년들이 네팔로 단기선교를 갔는데, 하루 세 번 주기도문 기도로 선교를 준비하고, 선교지에 가서도 하루 세 번 주기도문 기도를 하면서 그 기간을 잘 보냈다는 이야기를 전해 들었습니다.

하루 세 번 기도하면서 바벨론 세상에서 승리했던 다니엘처럼 우리 청소년들이 세상을 이기는 다니엘 같은 다음 세대가 되기를 기도합니다. 그들뿐 아니라 한국에 있는 모든 믿음의 청소년들과 청년들도 주기도문으로 매일 세 번 기도하면서 믿음의 사람으로 세상을 이기기를 소망합니다.

저는 목회 은퇴를 한 후 한국에 돌아와서 몇몇 교회에서 말씀을 전했습니다. 그중에 두 번은 대학부와 청년부 수련회였습니다. 두 번 다 같은 내용의 말씀을 전했습니다. 매일 말씀을 묵상하며 형통한 삶을 살았던 여호수아처럼 매일 말씀을 묵상하며 다음 세대를 이어 가는 삶을 살자는 것과, 다니엘이 하루 세 번 기도하면서 바벨론 세상을 이기는 삶을 살았던 것처럼 하루 세 번 기도하면서 하나님과 동행하며 세상을 이기는 젊은이들이 되자는 메시지였습니다. 그리고 수련회 기간 내내 아침마다 말씀 묵상을 하고 하루 중 정해진 기도 시간이 되면 어디에 있든지 함께 기도했습니다.

한 청년부 수련회의 경우 낮시간에는 프로그램을 진행하고 밤에 말씀 집회를 하는 일정이었는데, 첫날 말씀 묵상과 하루 세 번 기도에 대한 메시지를 들은 청년들이 그다음 날 아침에 일어나서는 말씀을 펴고 묵상을 했습니다. 그 모습을 본 수련회 지도자는 이전 수련회에서는 보지 못했던 모습이라며 기뻐했습니다.

하루는 청년들과 함께 이른 점심 식사를 하러 식당에 들어갔습니다. 식사를 다 마치니 하루 세 번 기도 중 낮 12시 기도 시간이 되었습니다. 우리는 함께 식당에서 주기도문으로 기도했습니다. 그 모습을 보던 식당 주인의 감동받은 얼굴이 지금도 눈에 선합니다. 또 어느 날 바닷가에서 해수욕을 하고 있는데 오후 3시 기도 시간이 되었습니다. 그때 한 청년이 "기도 시간이다" 하면서 해변가 모래사장으로 나왔고, 이내 모두 모래사장에 둥그렇게 모여 서서 주기도문으로 기도했습니다.

수련회 이후에 들은 이야기는 이렇습니다. 수련회에 참여한 한 청년이 교회에서 간증하기를, 바닷가 모래사장에서 기도할 때 들에서 말씀을 외쳤던 세례 요한이 생각났고, 자신들이 마치 성경 인물이 된 것 같은 감격이 있었다고 합니다. 또한 그 수련회에 믿지 않는 청년 두 명이 참석했는데, 그 수련회를 통해 예수님을 만나고 세례를 받았다는 소식을 전해왔습니다. 아마 기도하는 젊은이들의 모습에서 예수님을 만났나 봅니다.

이런 일이 있은 후 두어 군데에서 사역을 제안받았습니다. 이처럼 은혜로운 경험을 해 보아서인지 그 제안에 대해 기도할 때 이런저런 아이디어가 떠오르면서 해 보고 싶다는 마음이 생겼습니다. 그리고 제가 맡아서 사역을 하면 좋은 결과도 나올 것 같고 보람도 있을 것 같아서 긍정적으로 응답했습니다.

그 후 아침 말씀 묵상 시간에 하나님의 이런 말씀을 듣게 되었습니다.

"너는 네가 하고 싶은 일을 하는 것이 아니라 내가 하라고 한 일을 해야 한단다."

그 일은 제가 하고 싶은 일이지 하나님이 하라고 하신 일이 아니라는 사실을 깨닫게 되었습니다. 이미 제안을 승낙했기에 난감했는데 감사하게도 그 제안은 아주 자연스럽게 아무 일도 없었던 것처럼 잘 지나갔습니다.

'하나님이 하라고 하신 일이 무엇일까?' 생각하고 있을 때 강의와 설교 부탁이 들어왔습니다. 서로 다른 교회 공동체였는데 공교롭게도 같은 주제에, 같은 대상이었습니다. 주제는 '기도'였고, 대상은 여성도들의 기도 모임이었습니다.

첫 번째 모임에서 정해 준 주제는 '다음 세대를 위한 기도'였고 주제에 맞는 말씀을 전해 달라는 부탁을 받았습니다. 바로 얼마 전에 있었던 두 차례의 젊은이 수련회를 기억하면서, 다음 세대가 여호수아와 다니엘같이 세상을 이기는 세대로 서도록 기도하자고 하면 될 것 같았습니다. 그래서 설교 제목을 다음 세대를 열어 가는 '열다 프로젝트'로 정했습니다.

여기서 '열다'는 '다음 세대를 연다'는 뜻도 있지만, 말씀 묵상의 사람 여호수아와 갈렙을 의미하는 '열'(여호수아+갈렙)과 다니엘을 의미하는 '다'(다니엘)를 합한 것입니다. 다음 세대가 뜻을 정하여 말씀 묵상을 하며 말씀대로 살고, 매일 주기도문으로 세 번 기도하면서 하나님과 동행하는 삶을 살 때 이 세상을 이기는 젊은이들이 될 것이라는 기도와 소망을 담은 제목이었습니다.

다음 세대가 여호수아와 다니엘같이 되어 세상을 이기는 젊은이들이 되도록 기도하되, 우리 어머니들이 먼저 아침마다 말씀 묵상을 하고 주기도문으로 하루 세 번 기도해 다음 세대의 다니엘들을 키우는 기도의 어머니들이 되자고 했습니다. 감사하게도 반응이 참 좋았습니다. 어떤 분들은 자녀들과 함께 주기도문으로 하루 세 번 기도를 시작하겠다고 했습니다. 모두 주기도문과 하루 세 번 기도에 크게 도전을 받은 듯했습니다.

그 후 다른 기도 모임들에서도 주기도문과 하루 세 번 기도를 전했는데 반응이 똑같았습니다. 주기도문의 힘을 느꼈으며, 이제야 기도 생활을 제대로 할 수 있겠다는 등 감동적인 반응이었습니다.

이곳저곳 모임에서 말씀을 전할 기회가 주어졌고, 그때마다 저는 주기도문 기도를 전했습니다. 이런 경험을 하면서 '이것이 바로 하나님이 하라고 하신 일'임을 자연스럽게 알게 되었습니다. 하나님이 저에게 하라고 하신 일은 '주기도문으로 기도하는 사람들을 세우는 것'이었습니다. 이제부터 저에게 주기도문 강의와 설교는 하나님이 하라고 하신 제일 중요한 설교와 강의가 되어야 한다는 것을 알게 되었습니다. 그리고 하나님은 여러 모임에서 전한 주기도문 강의와 설교가 이렇게 책으로 출간되기까지 이끌어 주셨습니다.

"이렇게 기도하라"는 주님 말씀에 순종할 때

여호수아와 갈렙, 그리고 다니엘이 다음 세대를 이어 가고 책임질 그리스도인 청년의 모델로 보입니다. 하나님은 모세를 이어 다음 세대를 책임진 여호수아에게 이렇게 말씀하셨습니다.

> 내 종 모세가 죽었으니 이제 너는 이 모든 백성과 더불어 일어나 이 요단을 건너 내가 그들 곧 이스라엘 자손에게 주는 그 땅으로 가라 … 강하고 담대하라 너는 내가 그들의 조상에게 맹세하여 그들에게 주리라 한 땅을 이 백성에게 차지하게 하리라
> | 수 1:2, 6

그리고 하나님은 여호수아가 해야 할 한 가지 일, 즉 말씀 묵상을 말씀하셨습니다.

> 이 율법책을 네 입에서 떠나지 말게 하며 주야로 그것을 묵상하여 그 안에 기록된 대로 다 지켜 행하라 그리하면 네 길이 평탄하게 될 것이며 네가 형통하리라 | 수 1:8

갈렙은 하나님의 약속의 말씀을 굳게 붙잡고 살아왔으며 다 꺼리는 지역임에도 불구하고 말씀으로 담대히 도전하

여 이기는, 즉 다음 세대가 본받아야 할 삶의 모습을 보여 주었습니다.

> 그날에 여호와께서 말씀하신 이 산지를 지금 내게 주소서 당신
> 도 그날에 들으셨거니와 그곳에는 아낙 사람이 있고 그 성읍들
> 은 크고 견고할지라도 여호와께서 나와 함께하시면 내가 여호
> 와께서 말씀하신 대로 그들을 쫓아내리이다 하니 | 수 14:12

> 헤브론이 그니스 사람 여분네의 아들 갈렙의 기업이 되어 오늘
> 까지 이르렀으니 이는 그가 이스라엘의 하나님 여호와를 온전
> 히 좇았음이라 헤브론의 옛 이름은 기럇 아르바라 아르바는 아
> 낙 사람 가운데에서 가장 큰 사람이었더라 그리고 그 땅에 전
> 쟁이 그쳤더라 | 수 14:14-15

다니엘이 뜻을 정하여 말씀을 따라 살 때 하나님은 놀라운 지혜를 부어 주셨습니다. 아울러 다니엘이 매일 세 번 기도할 때 승리하는 신앙생활을 하게 하셨을 뿐 아니라 놀라운 계시를 받아 하나님 나라의 역사에 쓰임 받게 하셨습니다.

> 다니엘은 뜻을 정하여 왕의 음식과 그가 마시는 포도주로 자
> 기를 더럽히지 아니하리라 … 하나님이 이 네 소년에게 학문을
> 주시고 모든 서적을 깨닫게 하시고 지혜를 주셨으니 다니엘은

또 모든 환상과 꿈을 깨달아 알더라 | 단 1:8, 17

다니엘이 이 조서에 왕의 도장이 찍힌 것을 알고도 자기 집에
돌아가서는 윗방에 올라가 예루살렘으로 향한 창문을 열고 전
에 하던 대로 하루 세 번씩 무릎을 꿇고 기도하며 그의 하나님
께 감사하였더라 | 단 6:10

주님이 명령하신 "이렇게 기도하라"는 말씀에 순종했을
때 얼마나 놀라운 일들이 기도하는 우리 자신과 가정과 교회
와 사회와 국가와 열방 가운데 일어나게 될까 기대하며 소망
합니다.

이 책을 읽은 분들이 주기도문으로 하루 세 번 기도하는
삶에 대하여 하나님의 격려와 도전을 받아 실제로 주기도문
으로 하루 세 번 기도하게 되기를 바랍니다. 그렇게 기도할 때
하나님이 기뻐하시는 삶, 하나님께 쓰임 받는 놀라운 삶을 살
게 될 것이고, 하나님께 영광 돌리며 하나님 나라와 의를 구하
며 살게 될 것입니다.

이 같은 놀라운 기도의 삶으로 하나님이 자녀 된 우리 모
두를 초청하십니다. "이렇게 기도하라"는 주님의 말씀을 마음
으로 받고 함께 순종합시다.

"너희는 이렇게 기도하라."

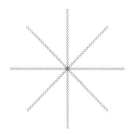

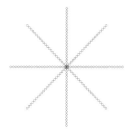